史说株洲前世今生

九畹书院讲坛文丛

聂鑫森 ◇ 主编

辽宁人民出版社

ⓒ 聂鑫森　2022

图书在版编目（ＣＩＰ）数据

史说株洲前世今生 / 聂鑫森主编. — 沈阳：辽宁人
民出版社，2022.10
　　（九畹书院讲坛文丛）
　　ISBN 978-7-205-10472-6

　　Ⅰ.①史… Ⅱ.①聂… Ⅲ.①地方文化—文化史—
株洲 Ⅳ.①G127.643

中国版本图书馆CIP数据核字（2022）第100956号

出版发行：辽宁人民出版社
　　　　地址：沈阳市和平区十一纬路 25 号　邮编：110003
　　　　电话：024-23284321（邮　购）　024-23284324（发行部）
　　　　传真：024-23284191（发行部）　024-23284304（办公室）
　　　　http://www.lnpph.com.cn
印　　刷：辽宁新华印务有限公司
幅面尺寸：170mm×240mm
印　　张：13
字　　数：200千字
出版时间：2022年10月第1版
印刷时间：2022年10月第1次印刷
责任编辑：祁雪芬
封面设计：白　咏
版式设计：李　雪
责任校对：吴艳杰
书　　号：ISBN 978-7-205-10472-6

定　　价：69.00元

编委会

序：读书声里是吾家

聂鑫森

唐代诗人翁承赞《书斋漫兴二首》之一："池塘四五尺深水，篱落两三般样花。过客不须频问姓，读书声里是吾家。"末句颇让人浮想联翩。

我们是中华儿女，中国素称"诗礼之邦"，文脉传承，书香绵延至今，我们作为这个大家庭的一员，何其自豪。"家"又是"乡曲""乡邦""原乡"的指代，或是我们的籍贯地、出生地，或是我们长期工作和生活的地方，比如株洲及所辖的一市三县。多年来株洲倡导读书不遗余力，机关、学校、工厂、农村、社区，人们在工作之余，以持卷为乐事。中国民间读书会的年会曾在此举办便是一个明证。"家"亦是一个具体的家庭，一个民间读书会，一个兼及读书和讲学的书院。株洲的民间书院——九畹书院，就被广大读者和听众称之为"吾家"。

九畹书院创立于2015年，位于株洲城北石峰区的蔷薇园内。其名出自屈原《离骚》："余既滋兰之九畹兮，又树蕙之百亩。"书院之环境、氛围，正如我在《九畹书院记》中所言："株洲城北，石峰山畔。翠色侵衣，乱红迷眼，别市尘而入幽境，望云岚而近亭楼……短墙一圈，松鳞竹节，四时花事争相辉映。古建几楹，书橱画案，八方朋侣联袂而来。悬丹青翰墨于曲廊，开国学讲座于华堂。读书论道，陶冶德艺修持；吟诗作画，尽呈家国情怀……"

书院自成立始，一直得到各级领导及相关部门的关爱和支持，开展各种公益活动，旨在传播书香，弘扬优秀的传统文化，立德正心，爱国爱家，为实现株洲的经济腾飞，为实现"中国梦"略尽绵薄之力。

书院全力打造"九思讲堂"，定期开办丰富多彩的讲座，除现场面对面交流之外，还辅以网上直播，听众少则六千，多则两万以上，这令我们倍感欣慰。2019年以来，将讲座内容进行调整和规范，组织株洲乡邦文化系列讲座，从各个不同的侧面，开掘株洲地方文化的富矿。举凡历史沿革、经济进程、军事战役、民风民俗、商贸大潮、考古挖掘、地名索源、文学艺术、名人履痕、饮食衣裳……逐一讲评，让株洲市民生发文化自信，焕发为家乡为祖国尽心尽力的壮志豪情。

株洲市及所辖的醴陵市、攸县、茶陵县、炎陵县，人口数百万，地域阔大，而研究乡邦文化的专家、学者亦多矣。他们或是专意于斯，或是应邀披挂上阵，但都显现了治学的严谨、备课的扎实、表述的畅达，故广受欢迎。他们都是我多年的老友，年高者几近八十，年轻者也是不惑上下，登坛讲学，儒雅风流，我不能不对他们表示由衷的敬意。他们是曹敬庄、何辉宇、彭雪开、陈卫华、阳海洪、王明夫、施杰荣、楚石、史建国、周文杰、周秋光、姜野军、王亚、陈文潭、徐峰、王志坚、黄新华、易军、易绵阳……

诸兄开讲，我是每次必到现场，恭恭敬敬坐于第一排，认真听认真作笔记。我写过一首七绝《九畹书院听友人开讲》，以示心迹："读书圈点几曾闲，问道更知山外山。老夫七十头排坐，也学蒙童一肃然。"

书院应听众要求，将各位老师的讲稿，经他们本人校订后，精选成书，付梓出版。由讲座到成书，做了必要的加工整理。这套书总名为"九畹书院讲坛文丛"。

无论是登坛讲学还是版椠付印，对株洲来说，都是地方文化的薪火相传，也是地方文化的辛勤积累，于当代于后世应是一件大好事，因此，我们愿意砥砺前行，不改初心。

我曾为"九思讲堂"写过一副对联："论今说古，立根不随流俗转；锦口绣心，击节只为盛世歌。"其实，这也是本书的意旨。我期待更多的专家、学者登坛讲述株洲的前世今生，让他们的讲稿也珠联璧合，汇成一本一本的好书，奉献给英雄的时代、时代的英雄！

是为序。

2021 年暮春于株洲

目 录
CONTENTS

第一期

炎帝、炎帝陵史籍之研究

中华儿女，莫不以"炎黄子孙"自称。炎、黄者，炎帝神农氏和黄帝轩辕氏也。炎帝神农氏和黄帝轩辕氏是我们中华民族的始祖。

由于种种原因，在我国正史中，有关炎帝神农氏的历史记载少而不详，更未给炎帝神农氏立纪或传，关于炎帝陵的记载最早的也只见之于晋代，这就给后世留下许多争论。但是，我们仍可从散见于各种史籍的关于炎帝神农氏和炎帝陵的记载中，了解炎帝神农氏，了解炎帝陵。

一、关于炎帝

（一）炎帝神农氏所处的时代和活动地域

《庄子·盗跖》篇说："神农之世，卧则居居，起则于于，民知其母，不知其父，与麋鹿共处，耕而食，织而衣，无有相害之心，此至德之隆也。"从这段记载看，炎帝神农氏时代处于"民知其母，不知其父"的原始社会的母系氏族公社阶段。

然而，《商君书·画策》篇却说："神农之世，公耕而食，妇织而衣，刑政不用而治，甲兵不起而王。"《吕氏春秋·爱类》更说："神农之教曰：士有当年而不耕者，则天下或受其饥矣；女有当年不绩者，则天下或受其寒矣。故身亲耕，妻亲织，所以见致民利也。"一曰"民知其母，不知其父"，一曰"身亲耕，妻亲织"，妻既有夫，儿岂不知其父耶？晋代皇甫谧著的《帝王世纪》把这层关系解开了，他说："炎帝神农氏，姜姓也。母曰任姒……游于华山之阳，有神龙首感女登于常羊，生炎帝。……纳奔水氏女，曰听夭，生帝临魁。"在这里，炎帝的父亲是谁是语焉不详的。而炎帝自身呢，夫妻、父子关系就明明白白的了。

家庭的出现标志着母系氏族社会的解体，父系氏族社会的产生标志着原始公社的解体、私有制的产生。而这种旧的社会关系的解体和新的社会关系的产生，不是一声令下一刀切一斩齐的，而是有早有迟有先有后有快有慢的。也就是说，在炎帝神农时代，有的地方还过着母系氏族社会的生活，有的则已跨入父系氏族社会的门槛。因此，我们说炎帝神农时代是原始社会由母系氏族社会向父系氏族社会过渡的时代，是人类社会文明初创的时代。那么，史料中的关于炎帝神农时期的两种社会状态的记载就不是矛盾的，而是互为补充的了。考古资料告诉我们，那个时代大约距今 6000 年至 5000 年，正好与中华文明史的初创时代相吻合。因而，炎帝神农氏是中华文明初创时代的伟大人物是毋庸置疑的。

袁康在《越绝书·外传记·宝剑》中有一段记载："神农、赫胥之时，以石为兵，断树木为宫室……至黄帝之时，以玉为兵，以伐树木为宫室、凿地……禹穴之时，以铜为兵，以凿伊阙，通龙门，决江导河，东注于东海……当此之时，作铁兵，威服三军，天下闻之，莫敢不服，此亦铁兵之神。"它透露出的是这样一个远古信息：炎帝时代是石器时代，"以石为兵"。而后到了黄帝时代，是"以玉为兵"，玉器比较发达了。而后到了夏代，进入了青铜器时代，"以铜为兵"。再后到了春秋战国时代，人类便进入了铁器时代，"作铁兵，威服三军"。这与现代考古所揭示的是相符的，人类使用工具，确实是循着"石器—玉器—青铜器—铁器"这样一个轨迹进步的，而且与袁康所提出的时期也大体相当。我们的祖先最早是使用石器的，在伏羲、炎帝时代石器是最重要的生产工具。而后到了炎帝、黄帝时代，出现了玉器。我国最早的玉器出现在距今 7000 年左右的新石器时代，生产工具仍以石器为主，但玉器已经出现了。而夏代使用青铜器，已被从二里头时期出土的青铜器所证明了。春秋战国时期使用铁器，亦有当时的文献记载和出土文物证明。

由此可见，我国古籍中关于上古时代的一些记载，我们不可以简单地视为传说而以为不可信。那么，我们说炎帝神农氏所处的时代是新石器时代，应该是没有问题和疑义的了。

关于炎帝神农氏的活动地域。汉代刘安撰的《淮南子·主术训》中说，炎帝神农氏"其地南至交趾（今岭南一带），北至幽都（今河北北部），东至旸谷（今山东东部），西至三危（今甘肃敦煌一带），莫不听从"，范围达大半个中国。当然，这主要应该看作炎帝神农氏的影响所在，但是，也大体可以看作是炎帝神农氏部落及其部落联盟的活动地域。

（二）关于炎帝神农氏的伟大功绩

关于炎帝神农氏的丰功伟绩，史籍中少有成篇的全面的记载，但在各种史籍中，为炎帝神农氏歌功颂德却是随处可见的。

《逸周书》说："神农之时，天雨粟，神农耕而种之。作陶冶斤斧，破木为耜、锄、耨以垦草莽，然后五谷兴，以助蓏果之实。"

《周易·系辞下传》载："庖牺氏没，神农氏作，斫木为耜，揉木为耒，耒耨之利，以教天下，盖取诸益。日中为市，致天下之民，聚天下之货，交易而退，各得其所，盖取诸噬嗑。"

《管子·轻重戊》载："神农作，树五谷淇山之阳，九州之民，乃知谷食，而天下化之。"

《商君书·画策》载："神农之世，公耕而食，妇织而衣。"

《淮南子·修务训》载："古者民茹草饮水，采树木之实，食蠃蚌之肉，时多疾病毒伤之害，于是神农乃始教民播种五谷，相土地燥湿肥硗高下，尝百草之滋味，水泉之甘苦，令民知所避就。当此之时，一日而遇七十毒。"

《帝王世纪》载："炎帝神农氏始教天下耕种五谷而食之，以省杀生；尝味草木，宣药疗疾，救夭伤人命。"

《资治通鉴外纪》载：神农"教民播种五谷，作陶，冶斤斧，为耒耜、耨"。

《新论·琴道篇》载："琴，神农造也。琴之言，禁也。君子守以自禁也。昔神农氏继宓羲而王天下。上观法于天，下取法于地。于是始削桐为琴，练丝为弦，以通神明之德，合天地之和焉。神农氏为琴七弦，足以通万物而考理乱也。"

《吴越春秋》载："古者人民朴质，饥食鸟兽，渴饮雾露，殁则裹以白茅投于中野。孝子不忍见父母为禽兽所食，故作弹以守之。歌曰'继竹、续竹、飞土、逐突'之谓也，于是神农弦木为弧，剡木为矢，弧矢之利，以威四方。"

《通典·乐》载："伏羲乐曰《扶来》，亦曰《立本》。神农乐名《扶持》，亦曰《下谋》。黄帝作《咸池》。少皞作《大渊》。颛顼作《六茎》。帝喾作《五英》。尧作《大章》。舜作《大韶》。"

《皇王大纪·卷一》载：炎帝"相土田燥湿肥硗，兴农桑之业，春耕夏耘，秋获冬藏，为台榭而居，治其丝麻为之布帛"。

史籍关于炎帝神农氏功绩的记载，相对而言，比较系统一点、全面一点的要算宋代罗泌所著的《路史》了。《路史》说炎帝"斫木为耜，揉木为耒"；"教之麻桑，以为布帛"；"相土停居，令人知所趋避""众金货、通有亡，列廛于国，日中为市，致天下之民，聚天下之货，交易而退，各得其所"；"尝草木而正名之。审其平毒，旌其燥寒，察其畏恶，辨其臣使，厘而三之，以养其性命而治病。一日之间而七十毒，极含气也"；"每岁阳月，盍百种，率万民蜡戏于国中，以报其岁之成"；"命邢夭作扶犁之乐，制丰年之咏，以荐釐来，是曰'下谋'。制雅琴，度瑶瑟，以保合大和而闲民欲，通其德于神明，同其和于上下"，等等。

限于篇幅，我们姑且引述上面的一些记载。概括起来，它们记载了炎帝神农氏的八大功绩：始作耒耜，教民耕种；遍尝百草，发明医药；日中为市，首辟市场；治麻为布，制作衣裳；削桐为琴，练丝为弦；弦木为弧，剡木为矢；作陶为器，冶制斤斧；建屋造房，台榭而居。我们可以设想一下，当炎帝神农氏带领人民脱离了饥寒交迫、无医无药、颠沛流离的日子，而过上了有饭吃、有衣穿、有房住、有医药，并且还能上市场、听音乐、唱丰年的日子，这是一种多么巨大的变化！展现在他们面前的物质的精神的文明，是一幅怎样的图景！人们怎能不世世代代纪念炎帝神农氏、歌颂炎帝神农氏呢？

炎帝在与大自然的斗争中，在筚路蓝缕、披荆斩棘的行进中，也给我们留下了伟大的"炎帝精神"。我们可以概括为四个方面，即所谓"四大精神"：战胜洪荒的艰苦创业精神，自强不息的开拓创新精神，厚德载物的民族团结精神，为民造福的崇高奉献精神。

（三）关于炎帝神农氏的几个有争议的问题

由于炎帝神农氏所处的时代，距今已有 6000 年左右之久，当时，文字正处于草创阶段，或者说还没有文字，不可能对史实作记载，历史只能由人们一代一代传说着。因而，关于炎帝神农氏其人其事，传来说去，有虚有实，各家史籍以己之所闻，传而记之，就不免出现一些歧义、矛盾，乃至错讹。这就留给后人一些争议的问题。争议较多的，是在下面四个问题上。

1. 炎帝神农氏是神，还是人

炎帝神农氏是人不是神。

众多的史籍都是这样记载的。《淮南子·修务训》载："神农憔悴，尧瘦臞，舜黧黑，禹胼胝。由此观之，则圣人之忧劳百姓甚矣。"《太平御览》辑录《尸子》曰："神农氏夫负妻戴，以治天下，尧曰：'朕比之神农，犹旦之与昏也。'"请看：炎帝神农氏比普通老百姓还更憔悴，尧觉得自己远不如神农，可见炎帝神农氏是人不是神。只不过炎帝神农氏不是普通的人，所以《汉书·古今人表》把太昊帝宓羲氏、炎帝神农氏、黄帝轩辕氏、帝尧陶唐氏、帝舜有虞氏、帝禹夏后氏、帝汤殷商氏、文王周氏等古代英明帝王一并列为"上上圣人"。《史记·周本纪》载："武王追思先圣王，乃褒封神农之后于焦，黄帝之后于祝，帝尧之后于蓟，帝舜之后于陈，大禹之后于杞。"既有后人，其先人当然是人。理所当然，炎帝神农氏是人而不是神。

之所以产生神人异议，是由于一些古籍记载所引起的。《帝王世纪》介绍炎帝神农氏时说："炎帝神农氏，姜姓也。母曰任姒，有蟜氏之女，名女登，为少典正妃。游于华山之阳，有神龙首感女登于常羊，生炎帝。人身牛首，长于姜水，因以氏焉。"而后《金楼子》《补史记·三皇本纪》《皇王大纪》《路史》等均于是说，因此使人们产生炎帝神农氏是神的概念：感神龙而生，人身牛首，岂是凡人？

如前所述，炎帝神农氏所处的时代是原始社会的母系氏族时代，氏族与氏族之间实行族外群婚，而炎帝是那个时代的"人"。用现代的观点去解释，则可以认为《帝王世纪》所说"有神龙首感女登于常羊，生炎帝"乃炎帝神农氏之母，即有蟜氏族的女子名"女登"的，她在华山之阳的"常羊"那个地方与少典氏族的男子结合而怀孕了，生下了炎帝。由于当时是群婚制，"民知其母，不知其父"，到了后代，一些史籍为尊者讳，或者是神化领袖人物，就托辞为感于"神龙"了。至于"人身牛首"，亦并非人的身上真的长了个牛头，而是古代人们的图腾，或者说是人的头上戴了牛角作为装饰。

其次，一些古籍对炎帝神农氏功绩的神化记载，也造成了人们对炎帝神农氏是神的印象：《搜神记》说"神农以赭鞭鞭百草，尽知其平毒寒温之性、臭味所主，以播百谷。故天下号神农也"。其实，这个问题，一些古籍如《太平御览》中录《礼·含文嘉》已回答了："神者，信也。农者，浓也。始作耒耜，教民耕，其德浓厚若神，故谓神农也。"

2. 炎帝神农氏是一人，还是两人，或者说是几代人

炎帝神农氏并称始自战国时代的《世本》："炎帝即神农氏。"但司马迁写《史记》时没有采此一说。他写的是："轩辕之时，神农氏世衰。诸侯相侵伐，暴虐百姓，而神农氏弗能征。于是轩辕乃习用干戈，以征不享。诸侯咸来宾从。而蚩尤最为暴，莫能伐。炎帝欲侵陵诸侯，诸侯咸归轩辕。轩辕乃修德振兵，治五气，艺五种，抚万民，度四方，教熊罴貔貅貙虎，以与炎帝战于阪泉之野，三战，然后得其志。蚩尤作乱，不用帝命。于是黄帝乃徵师诸侯，与蚩尤战于涿鹿之野，遂禽杀蚩尤。而诸侯咸尊轩辕为天子，代神农氏，是为黄帝。"由于《史记》是一部影响很大的史书，所以这段关于炎帝、神农、蚩尤、黄帝的记载是一段引起很多歧义的话。炎帝、神农是一人还是两人？蚩尤与炎帝是什么关系？阪泉之野与涿鹿之野两战是什么关系？众说纷纭。

《汉书》把这个问题说清楚了。之一，它在《古今人表》的"上上圣人"中把"炎帝"与"神农氏"合称为"炎帝神农氏"；之二，它在《律历志》中解释了这样称呼的理由：太昊帝"继天而王，为百王先，首德始于木，故

为帝太昊，作罔罟以田渔，取牺牲，故天下号曰炮牺氏"。炎帝"以火承木，故为炎帝，教民耕农，故天下号曰神农氏"。黄帝"火生土，故为土德"，"始垂衣裳，有轩冕之服，故天下号曰轩辕氏"。《汉书》是继《史记》之后的又一部著名史书，是第一部把炎帝和神农氏合在一起称呼为"炎帝神农氏"的正史，而且相当清楚地解释了这样称呼的缘由："以火承木，故为炎帝，教民耕农，故天下号曰神农氏。"

《汉书》距《史记》不过二百多年，对许多史料应该说还是比较清楚的，特别是撰写正史，是不会随意臆造的。因此，它关于炎帝神农氏的记载应该说是具有权威性的，是可信的。关于炎帝神农氏的阐述是没有歧义的，它在这方面弥补了《史记》的不足。自此之后，许多史籍均持这一说法。《潜夫论·五德志》载："有神龙首出常羊，感任姒，生赤帝魁隗，身号炎帝，世号神农，代伏羲氏。"《潜夫论》说炎帝身材魁伟，炎帝是身号，神农是世号，进一步阐述清楚了为什么炎帝叫"炎帝神农氏"。《补史记·三皇本纪》载：炎帝神农氏"火德王，故曰炎帝"，"始教耕，故号神农氏"。《通志·卷一》同样采用了这一观点：炎帝神农氏"以火德王天下，故为炎帝；民不粒食，未知耕稼，于是因天时相地宜，始作耒耜，教民艺五谷，故谓之神农"。这就是说，史籍基本上是以《汉书》划线的：之前，炎帝和神农氏有合称但以分称居多；之后，炎帝和神农氏就基本上只有合称之为"炎帝神农氏"的了，也就是说，自《汉书》而后，史籍就普遍认为炎帝、神农是一人而不是两人了。

但是，称炎帝神农氏的可能又不仅是一个人。《通鉴外纪》中把炎帝神农氏传八代的帝王名字、即位元年之甲子、在位时间都一一注明了："炎帝，元年己巳，或云辛丑、壬午，在位一百二十年，或云一百四十年，神农纳奔水氏女，曰听谈（按：许多别的书上写作听訞），生临魁。帝临魁，元年辛巳，在位六十年，或云八十年。帝承，元年辛巳，在位六年，或云六十年。（一本承在临魁先）帝明，元年丁亥，在位四十九年。帝直，元年丙子，在位四十五年。帝釐，一曰克，元年辛酉，在位四十八年。帝哀，元年己酉，在位四十三年。帝榆罔，元年壬辰，在位五十年。自神农至榆罔四百二十六年，临魁至榆罔七帝，袭神农氏之号三百六年。"这就给我们透露了一个信息：

炎帝神农氏的七代子孙都是沿袭先祖"炎帝神农氏"的称号。

3. 炎帝是哪里人

现在，湖北随州、陕西宝鸡、山西高平、湖南会同都说他们那里是炎帝故里，就是说，炎帝是他们那里的人。

我们的观点是：炎帝是南方人。这是从考古资料作出的推论。当历史缺乏文字记载的时候，它的存在方式，一是存在于人们的口头，即民间传说；二是存在于地下，即考古发现。

根据现在的考古发现，长江文明应该是早于黄河文明的。我们不妨将黄河流域的半坡遗址与长江流域的城头山遗址、高庙遗址作个简单对比。半坡遗址位于陕西省西安市东郊灞桥区浐河东岸，是黄河流域一处典型的原始社会母系氏族公社村落遗址，属新石器时代仰韶文化，距今 6000 年左右。半坡成人死后埋入公共墓地，常随葬陶器及骨珠等装饰品。发现两座同性合葬墓，分别埋着 2 个男子和 4 个女子，一般认为是母系氏族社会的葬俗。死亡儿童埋在居住区，多采用瓮棺葬。一座女孩土坑墓中随葬品精致丰富，有木板葬具，表明当时对女孩的爱重。

城头山古城址位于湖南省常德市澧县，它是中国南方史前大溪文化至石家河文化时期的遗址。据考证，城头山是中国第一座古城。无论从规模、功能还是工程规划施工来看，它都已经属于"城"的范畴。当时，城头山在澧阳平原上，与其他聚落比较起来，可谓鹤立鸡群。它显然已经成为具有一定号召力、确曾统领一方的政治中心，即我国著名考古学家苏秉琦先生所说的"古国"。城头山城始建于 6000 年前的大溪文化时期，距今 5000 年左右的屈家岭文化时期又经过两次筑造。陶鬶、陶甗和陶温锅的发现，说明城头山及周边地区，5000 年前饮酒已相当普遍和讲究，酒文化的发展已达到相当水平。城中必有市。陶鬶、陶甗和温锅的使用大多与市场相关。因此，城头山城具有商贸市场属性。或许，这里就是屈家岭文化时期常德地区最发达的商贸市场之所在。特别是陶温锅的发现，证明在城头山已出现了酒肆。所谓酒肆，指酒店或酿酒手工作坊。城头山的城墙守住了 8 万平方米范围内的聚落，带来了安全和繁荣。这里人口密集，居室密布，堆积深厚，遗物既多且好。

它充分反映了城头山城中商贾云集、货物充盈的情况。城头山极其重要的学术价值不仅为国内专家学者所认同，而且举世公认。它是中国迄今发现年代最早（距今6500多年）、保存最完整、内涵最丰富的古城址；遗址区内发现了世界最早、保存最好的水稻田遗址和中国最早的大型祭坛。

高庙文化遗址位于湖南西部洪江市安江镇东北约5千米的岔头乡岩里村，地处沅水（中游）北岸的一级台地上，分布面积约3万平方米。在高庙遗址中，出土了一对夫妻墓，墓中存放贵族或宗教领袖权力象征的祭祀用品玉钺，贵族妇女装饰用品玉璜、玉玦等精美玉器，经考证，该墓为远古时期部落首领夫妻墓，距今5700年左右。

当半坡的人们还生活在母系氏族社会的时候，城头山的人们已经进入了"古国"时代即父系氏族社会；当半坡的人们还处于群婚制社会的时候，高庙的人们已经进入了父系氏族社会的夫妻制婚姻。谁的文明更早一些，是不言而喻的了。

炎帝是传说中的第一位父系氏族社会领袖，在南方北方说争持的时候，他的故里应该更有可能在南方。

4. 炎帝和黄帝是什么关系

《周易·系辞下传》说："包牺氏没，神农氏作。神农氏没，黄帝、尧、舜氏作。"之后众多史籍几乎一致地采用这一观点：炎帝和黄帝是前后相承的关系。《汉书》《白虎通义》几乎都是原文照抄地记载："伏羲氏没，神农氏作。神农氏没，黄帝、尧、舜氏作。"《越绝书·计倪内经》则说："炎帝有天下，以传黄帝。"东汉蔡邕撰《独断》载："《易》曰：帝出于震。震者，木也。言宓牺氏始以木德王天下也。木生火，故宓牺氏没，神农氏以火德继之。火生土，故神农氏没，黄帝以土德继之。土生金，故黄帝没，少昊氏以金德继之。金生水，故少昊氏没，颛顼氏以水德继之。水生木，故颛顼氏没，帝喾氏以木德继之。木生火，故帝喾氏没，帝尧氏以火德继之。火生土，故帝舜氏以土德继之。土生金，故夏禹氏以金德继之。金生水，故殷汤氏以水德继之。水生木，故周武以木德继之。木生火，故高祖以火德继之。"蔡邕在这里以五行说来解释朝代的更替，从伏羲一直排到汉。在这里，我们也可以看到：在东汉，炎、黄的传承关系是没有争论的了，是比较一致的了。

当然，史籍中也还有别的说法。

一为"兄弟说"。这主要是由于《国语》的一段记载所引起的。《国语·晋语》说："昔少典娶于有蟜氏，生黄帝、炎帝。黄帝以姬水成，炎帝以姜水成。成而异德，故黄帝为姬，炎帝为姜，二帝用师以相济也，异德之故也。"乍看起来，黄帝、炎帝是少典与有蟜氏生的两兄弟。其实不然。《帝王世纪》在关于黄帝的文字中是这样记载的："黄帝有熊氏，少典之子，姬姓也。母曰附宝，其先即炎帝母家有蟜氏之女，世与少典氏婚，故《国语》兼称焉。及神农氏末，少典氏又取附宝……生黄帝于寿丘，长于姬水，因以为姓。"这就把因《国语》叙述不明白的地方说明白了。炎帝母亲是黄帝母亲家族的先人，黄帝母亲是炎帝母亲家族的后人。

二为"同代说"。这主要是由于《史记》的那段记载所产生的歧义："轩辕之时，神农氏世衰"，"轩辕……与炎帝战于阪泉之野，三战，然后得其志"，"诸侯咸尊轩辕为天子，代神农氏，是为黄帝"，等等。对于《史记》表述的不精确，以后的许多史籍都给予了订正。《汉书·律历志》载：黄帝"与炎帝之后战于阪泉，遂王天下"。这就是说，炎、黄阪泉之战并非黄帝与炎帝之战，而是黄帝与炎帝之后之战。《三皇纪》曰："炎帝之后凡八代，五百余年，轩辕氏代之。"炎帝、黄帝并非同时代的人，应该说是说得十分清楚的了。

综上所述，炎帝神农氏与黄帝轩辕氏的关系是同源共祖、前后相继的关系，他们各自代表着一个时代，既非父子，亦非兄弟，更非异族。炎黄之间的战争，是部落联盟内部兼并与反兼并、控制与反控制之争，是领导权即盟主地位之争。他们的逐渐融合、统一，形成了我们伟大的中华民族。

二、关于炎帝陵

（一）炎帝"葬于炎陵"

相传炎帝在位100余年，当时人们尚处于由渔猎走向农耕的时代，炎帝神农氏是一个伟大的开拓者，他开创事业、成就事业的地方是在哪里呢？

各种史籍的记载可以说是众口一词的：在南方。

长沙马王堆汉墓出土的帛书《五星占》记载："南方火，其帝赤（炎）帝，其丞祝庸"；《淮南子·天文训》说："南方火也。其帝炎帝，其佐朱明，执衡而治夏，其神为荧惑，其兽朱鸟，其音徵，其日丙丁"；《独断·卷上》记载："南方之神，其帝神农，其神祝融"；《帝王世纪》载：炎帝神农氏"有圣德，继无怀氏后，以火承木，位在南方，主夏，故谓之炎帝"；《路史》说：炎帝"宇于沙，是为长沙"。罗苹在为罗泌这段史料作注时写道："考神农之都，宜在南方，故颛帝之都在北，益以知太昊之在东，少昊之西。为信第世远纪略，传者乱，不得其定。"

炎帝神农氏最后的归宿在哪里呢？也就是说，炎帝陵在哪里呢？众多的史籍记载也只有一处，那就是"长沙茶乡之尾"，即现在湖南省株洲市炎陵县的炎帝陵。

晋之前的史籍中，尚未发现有关于炎帝陵寝之所在的记载。炎帝陵最早见于史籍记载的是晋代皇甫谧所著的《帝王世纪》：炎帝神农氏"在位一百二十年而崩，葬长沙"。之后记载较详细的就是宋代罗泌所著的《路史》了：炎帝神农氏"崩葬长沙茶乡之尾，是曰茶陵，所谓天子墓者"。之后，王象之编著的南宋地理总志《舆地纪胜》记载更为具体："炎帝墓在茶陵县南一百里康乐乡白鹿原。"这是至宋代时史籍中关于炎帝陵地址的最详细的记载。在王象之写这部地理总志时，炎帝陵尚在茶陵县内。茶陵，是因炎帝神农氏在这里种茶及安葬在这里而得名的。茶陵县是在汉高祖五年即公元前202年，因茶乡之鹿原陂有炎帝之陵，而以陵名县。这就是说，在汉代，炎帝陵就应该是已经有名的了，不然，何以以其陵而名县呢？在王象之编写这部地理总志不久，即宋宁宗嘉定四年（1211），朝廷将茶陵县的康乐、霞阳、常平3个乡分出来，建立酃县，自此，炎帝陵就在酃县了。1994年，中华人民共和国国务院批准，将酃县改名为炎陵县。这样，以炎帝陵和黄帝陵名县，南有炎陵，北有黄陵，充分表达了"炎黄子孙，不忘始祖"的寻根谒祖的深情。

关于炎帝神农氏葬地，史料记载只"酃县"一说。陕西宝鸡"天台山"、山西高平团池二说，只是有民间传说而已，史料并无记载。元丰三年（1080）

书成、八年（1085）颁布的北宋官修地理总志《元丰九域志》关于随州、凤翔府、潞州、衡州的"古迹"条目的记载是这样的：

随州

季梁庙，按：春秋随之贤臣也，使随侯修政，楚不敢伐。神农庙，在厉乡村，《郡国志》云：厉山，神农所出。厉山庙，炎帝所起也。断蛇丘，随侯见蛇伤，以药傅之，蛇后衔珠以报，即此地。涉水，《左传》：楚人除道梁涉，营军临随涢。汉光武宅。春陵古城。隋文帝庙。涢水。

——《附录·新定九域志（古迹）·卷一》

凤翔府

邰城，《续汉志》：弃封于邰，徐广曰今斄乡是也；又云郿之斄亭。宝鸡，本秦之陈仓。《三秦记》曰：秦武公都雍，陈仓城是也。西虢，周虢叔所封，是曰西虢。岐山。杜阳山，《诗谱》曰：周原者，岐山阳地，属杜阳，地形险阻而原田肥美。太白山。陈仓山。古骆谷道。郿坞，董卓筑。汧水。磻溪，即太公垂钓之所。上公明星祠。黄帝孙舜妻育冢祠，见《汉书志》。仓颉庙。吕望祠。三良冢。

——《附录·新定九域志（古迹）·卷三》

潞州

长子城，丹朱所筑。黎侯亭，在黎侯岭上。黎侯城，《书》：西伯勘黎。是也。古襄亭，《汉书·志》云：铜鞮有上襄亭，下襄聚。长平关，即秦白起坑降卒处。壶关。羊肠阪，见《汉书·志》。抱书山，出道书《福地记》。三峻山，有庙。浊漳水，出长子西，见《水经》。潞水，冀州之浸，见《水经》。古余吾城，汉县也。神农庙，有神农井，神农得嘉谷之所，见《地形志》。唐明皇旧宅。潞子庙，春秋时潞子婴儿也。豫让庙。关龙逢庙。冯亭墓，有庙，即韩上党太守冯亭也，见《史记》。冯奉世庙。

——《附录·新定九域志（古迹）·卷四》

衡州

岣嵝山。酃湖。古酃县城。云阳山。后汉蔡伦宅。炎帝庙及陵。罗含墓。杜甫墓。

——《附录·新定九域志（古迹）·卷六》

湖南炎陵、湖北随州、陕西宝鸡，是当代关于炎帝神农氏活动地域谈得最多的三处地方。后来，又有山西高平、湖南会同加入了这一行列。湖北随州称为神农故里，湖南炎陵乃炎帝陵寝所在。陕西宝鸡建有炎帝祠，近年民间又建有炎帝陵。山西高平的团池有五谷庙，民间传说为炎帝陵，并发现有"炎帝陵"石碑。湖南会同也提出是炎帝故里。这里我们全文照录了宋代官修地理总志《元丰九域志》附录部分即《新定九域志》中关于随州、凤翔府、潞州、衡州的古迹记载。随州条目里记载："神农庙，在厉乡村，《郡国志》云：厉山，神农所出。厉山庙，炎帝所起也。"潞州条目里记载："神农庙，有神农井，神农得嘉谷之所，见《地形志》。"衡州条目里记载："炎帝庙及陵。"凤翔府有多达十六条的古迹记载，竟只字未有关于炎帝神农氏的。而三处有炎帝神农氏记载的地方，也只在衡州条目里有记载。这说明：宋以前史籍所确认的炎帝陵，只此一处。

酃县炎帝陵葬的是哪一位炎帝呢？皇甫谧在他的《帝王世纪》中说得十分明白："《易》称庖牺氏没，神农氏作，是为炎帝。炎帝神农氏，姜姓也。……长于姜水。……位在南方。……又曰本起烈山，或称烈山氏。……自陈营都于鲁曲阜。……在位一百二十年而崩，葬长沙。纳奔水氏女，曰听𦍩，生帝临魁，次帝承，次帝明，次帝直，次帝厘，次帝哀，次帝榆罔。凡八世，合五百三十年。"在这里，皇甫谧是讲得明明白白的：葬在长沙（即今炎陵县）炎帝陵的是第一代炎帝。之后，《补史记·三皇本纪》《路史》等诸多史籍均持此说，未见史籍中有其他说法，亦未见有史籍对此提出异议，更无"酃县炎帝陵安葬的是第八代炎帝榆罔"的说法。也就是说，葬在长沙（即今炎陵县）炎帝陵的是第一代炎帝，这个结论史籍无争议。

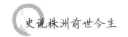

（二）炎帝陵的建置沿革

炎帝陵位于湖南省株洲市炎陵县城西 17 公里的鹿原镇。这里洣水环流，古树参天，景色秀丽。我们可以用五句话概括炎帝陵的建置沿革，即古已有陵，唐有奉祀，宋建陵庙，清定形制，当代整修。

1. 古已有陵

关于炎帝神农氏安葬地的记载，如前所述，最早见于晋代皇甫谧撰写的《帝王世纪》，炎帝"在位一百二十年而崩，葬长沙"。宋代罗泌撰的《路史》就记述得更具体，炎帝"崩葬长沙茶乡之尾，是曰茶陵"。炎帝陵墓古已有之。在史料记载中，宋代罗泌在《路史》中写到炎帝陵的内容时，加了一段注释说，鹿原陂上的炎帝墓"赤眉时，人虑发掘，夷之"，即西汉末年，绿林、赤眉起义爆发，当地人担心乱兵发掘炎帝陵墓，乃将陵墓夷为平地，保护起来。

2. 唐有奉祀

在《路史》中，罗泌还记载："有唐尝奉祠焉。"即唐代的时候，人们在炎帝陵墓前兴建"唐兴寺"，又名"奉圣寺"，守护炎帝陵，并时有奉祀。

3. 宋建陵庙

宋王朝建立后，宋太祖赵匡胤奉炎帝为感生帝，遂遣使遍访天下古陵，于乾德五年（967）在茶陵县南一百里之康乐乡（今炎陵县塘田乡）鹿原陂觅得炎帝陵墓，"爰即立庙陵前，肖像而祀"。同时，诏禁樵采，置守陵五户，专司管理陵庙职事。据罗泌《路史》记载，宋代炎帝陵附近尚存古墓二百余坟，均为炎帝神农氏妃后亲宗子属之墓葬。罗泌是江西吉安人，地域邻近炎帝陵，他本人及儿子罗苹都曾亲赴炎帝陵考察，所记当属可信。

炎帝陵自宋太祖乾德五年建庙之后，迄今已有千余年历史，随着历代王朝的兴衰更替，炎帝庙也历尽沧桑。

宋宁宗嘉定四年（1211），析茶陵军之康乐、霞阳、常平三乡置酃县。此后，炎帝陵所在地鹿原陂即属酃县境地，隶属衡州府管辖。至淳祐八年（1248），湖南安抚使奏请朝廷为炎帝陵禁樵牧，设守陵户，并对炎帝祠庙进行了一次大的修茸。

宋代以后，元代近百年间，朝廷只有祭祀炎帝陵的活动，而未有诏修炎帝陵庙的记载。

4. 清定形制

到了明代，有关炎帝陵庙的修葺，史书记载颇详。较大规模的修葺有三次：第一次是洪武三年（1370）。明太祖朱元璋即位后，诏命遍修历代帝王陵寝，"发者掩之，蔽者葺之"，由此炎帝陵庙也得到了一次全面修葺。洪武四年（1371）修葺竣工。第二次是嘉靖三年（1524），由酃县知县易宗周主持。这次重修是在原庙旧址上拓宽兴建，基本上改变了旧庙原貌。第三次是万历四十八年（1620），此次修葺距前已有百余年历史，炎帝陵庙久经风雨剥蚀，日渐颓坏，酃县县令目睹庙宇日非，恻然伤感，于是派人于路旁募款，发起重修。新庙规模虽因循旧制，但庙貌大为改观。

清代对炎帝陵庙的修葺，有据可查的约有9次。清世祖顺治四年（1647），南明将领盖遇时部进驻炎陵，屯兵庙侧，蹂躏无忌。士兵拆陵殿木板盖营房，肆意砍伐陵殿周围树木，炎帝陵庙惨遭破坏。是后，当地官民士绅及时进行了补葺，但由于战乱频仍，资金缺乏，修葺未能完善。康熙三十五年（1696），清圣祖玄烨遣太仆寺少卿王绅前来炎帝陵告灾致祭。王见陵庙栋宇损坏严重，入告于朝，奏请修葺，圣祖准奏。由酃县知县龚佳蔚督工，整修一新，但是未能恢复前代规模。

雍正十一年（1733），知县张浚奉文动用国帑，按清王朝公布颁行的古帝王陵殿统一格式重建，陵庙也统称陵殿而正其名。这次修建奠定了炎帝陵殿的基本形制，形成了"前三门—行礼亭—正殿—陵寝"的四进格局。整座陵殿为仿皇宫建筑，气势恢宏，体现了我国古代建筑的传统特色。

清道光七年（1827），知县沈道宽深感上任五年，邑内连年丰收，政成物阜，民气和畅，遂谋整修炎帝陵殿之举。这次整修，除对陵殿进行修葺外，还修复了前代所建的飞香亭、味草亭等附属建筑，并在陵南龙爪石上新建咏丰台一座，在陵寝四周修筑了炎陵墓道。

清朝最大的一次修复是在道光十七年（1837），由知县俞昌会主持、当地士绅百姓募资捐款所进行的一次重修。重修工程自孟夏开始，到年底竣工，炎帝陵殿和附属建筑全部修复一新，重修后的炎帝陵建制布局与雍正年间重建的基本相同，只是规模有所扩大。

这次重修后的炎帝陵殿高大宽敞，金碧辉煌，庄严肃穆，蔚为壮观，各附属建筑依山傍水，错落有致，与主殿相辉相映，形成了一个统一的整体，也为炎陵山增添了无限秀色。

民国年间，炎帝陵殿的修葺活动据有关文字记载有 4 次：第一次是 1915 年，酃县知事瞿燮捐资百元，连同炎帝陵修葺费，交人筹措修复，土木将兴，旋因湘军驻陵侧，以致无法施工而作罢。第二次是 1923 年，因连年兵祸，陵庙倾圮在即，酃县政府再次呈文请修，湖南省政府拨款 500 元，令县长欧阳枚鸠工修葺。第三次是 1936 年，酃县县长夏礼鉴于"炎陵殿宇年久失修，多已损坏"，于是年初组建了修复炎陵筹备委员会，元月 31 日春祭时，详细考察了炎陵殿宇的情况，并作了修复计划。后来不知何故半途而废，修复计划未能实施。第四次是 1940 年，第九战区司令长官兼湖南省政府主席薛岳主持的一次大修。当时正处于抗日战争相持阶段。日军 1938 年犯湘，1939 年秋，湖南省军民展开长沙会战，阻住日军攻势。1940 年日军犯西南，一时湘省无战事。为防患于未然，薛岳拟将省政府迁酃县炎陵山。是年春，拨专款于炎陵山修建省政府机关办公用房和员工宿舍，修筑了茶陵至酃县炎陵山的简易公路。同时对炎陵殿宇进行了全面修葺。工程竣工后，薛岳派省政府秘书长李扬敬代为致祭，祭文碑今存炎帝陵碑坊。

5. 当代整修

新中国成立后，炎帝陵被列为湖南省重点文物保护单位。1954 年除夕之夜，因香客祭祀焚香烛，引燃殿内彩旗，不慎失火，致使炎帝陵正殿和行礼亭被焚。

炎帝陵殿被焚以后，重新修复炎帝陵殿成为广大炎黄子孙的强烈愿望，但由于种种原因，这个愿望一直未能实现。党的十一届三中全会以后，修复条件日趋成熟。1983 年 6 月，全国人大六届一次会议期间，出席此次会议的湖南代表团 23 位全国人大代表联合提议修复炎陵，得到与会代表的热烈响应。由省、市两级政府拨出专款和部分群众捐献资金，1986 年 6 月 28 日，陵殿修复工程正式破土动工，到 1988 年 10 月胜利竣工。

重修后的炎帝陵殿，形制仍然保持清制，规模较前稍有扩大，整个建筑占地面积 3836 平方米。分为五进：第一进为午门，第二进为行礼亭，第三进为主殿，第四进为墓碑亭，第五进为墓冢。殿外修复了咏丰台、天使馆、鹿原亭等附属建筑。整个建筑金碧辉煌，重檐翘角，气势恢宏，富有民族传统风格。

1994 年 4 月，经国务院批准，将酃县更名为炎陵县。1996 年 11 月，国务院公布炎帝陵为全国重点文物保护单位。

从 2000 年起，又进行了炎帝陵公祭区的建设。至 2010 年，基本上完成了一期工程。在从南至北的中轴线上，建起了阙门、五谷柱、鹰鹿广场、朝觐广场、龙珠桥、九鼎九簋、祭祀广场、神农大殿及东西配殿，完成了咏丰台的改建和圣火台的扩建。2015 年完成了炎帝陵神农园建设，整个园区由入口形象区、盆景展示区、疏林草地区、自然田园区组成。至此，炎帝陵陵庙区、公祭区、神农园三个园区基本形成，谒陵、祭祀、缅怀，功能相辅相成，炎帝陵的文化内涵得到极大的丰富，形成比较完备的陵园体系。

三、关于炎帝陵的祭祀

炎帝，中华民族的始祖，中华文明的开创者。自黄帝"作下畤，以祭炎帝"（《云笈七签·轩辕本纪》），人们传说他、追念他、祭祀他，已经五千年了。

炎帝陵是中华儿女的精神家园。人们不远千里万里，跋山涉水、漂洋过海，拜谒炎帝陵，祭祀炎帝陵。

炎帝陵的祭祀，可分为御祭和民祭两类。

（一）御祭

史籍记载，在古代，"国之大事，在祀与戎"。炎帝之祭，源远流长。对炎帝的最早的祭祀，是黄帝"作下畤，以祭炎帝"（《云笈七签·轩辕本纪》）。祭祀炎帝的最早记载是《史记·封禅书》：秦灵公三年（前 423），在吴阳"作下畤，祭炎帝"。

陵寝之祭，大约是汉以后的事了。《通典》说："三代以前无墓祭，至秦代，始起寝陵于墓侧。汉因秦上陵皆有园寝，故称寝陵。"《史记·封禅书》云：元封元年（前110），汉武帝北巡朔方，"祭黄帝冢桥山"，应该是到陵墓前祭祀了。炎帝陵之祭祀始于何时，史籍无记载。到宋代，炎帝陵之祀形成了制度。元代未尝中辍，明清两代更趋频繁。现有祭文可考的"御祭"，明代15次，清代38次。

第一次"御祭"

朝廷祭祀炎帝陵，称为"御祭"，宋太祖赵匡胤"立庙陵前，肖像而祀"，是炎帝陵历史上第一次"御祭"。

宋太祖赵匡胤建立宋朝后，崇奉炎帝，派人在长沙茶陵寻访到了炎帝陵。赵匡胤立即下旨，在炎帝陵前建立庙宇，塑造神像。乾德五年（967），陵庙建成。赵匡胤亲派使臣到炎帝陵致祭，这是历史上第一次由朝廷祭祀炎帝陵。炎帝陵祀典，自宋始有定制。《宋史·礼制》载，"乾德初诏：历代帝王，国有常享……每三年一享"。"每岁春秋各一次"。由朝廷钦遣大臣或地方官员诣陵致祭，同时还规定了祭祀程序、铺设等细节。

第一篇"御祭"祭文

据《明史·志第二十六·礼四》记载，洪武"四年，礼部定议，合祀帝王三十五。……在湖广者二，酃祀神农，宁远祀虞舜。……岁祭用仲春、仲秋朔。于是遣使诣各陵致祭"。

这就是说，在宋元两代的基础上，明洪武四年（1371）礼部规定：朝廷祭祀帝王陵寝35位，在湖广有两处，酃县祭祀炎帝陵，宁远祭祀舜帝陵。

朝廷祭祀炎帝陵，都要在陵前致"祝文"即恭读祭文。明太祖朱元璋祭祀炎帝陵的祭文，是史籍中保存的历史上第一篇"御祭"祭文。

1371年，明太祖朱元璋派遣大臣专程从京城到炎帝陵祭祀，向炎帝禀告自己即位，取代元朝建立明朝。

朱元璋出身寒微，当过和尚，参加农民起义，发展壮大了自己的队伍，于1368年在应天府（今南京市）正式称帝，定国号为"大明"，建元"洪武"。洪武四年，他派员修葺和祭祀炎帝陵，昭示海内自己继承了大统。

朱元璋在祭炎帝陵文中说："朕生后世，为民于草野之间；当有元失驭，天下纷纭，乃乘群雄大乱之秋，集众用武。荷皇天后土眷祐，遂平暴乱，以有天下，主宰庶民，今四年矣。君生上古，继天立极，作烝民主；神功圣德，垂泽于今。朕典百神之祀，考君陵墓在此，然相去历年久远。朕观经典所载，虽切慕于心，奈秉性之独愚，时有今古，民俗亦异。仰惟神圣，万世所法，特遣官奠祀修陵。圣灵不昧，尚祈鉴纳。"

这篇祭文见诸"明史"，这是历史上第一篇见诸史籍的"御祭"祭文。他讲得很朴实，说的是实话，不是套话。开始如实向炎帝禀告，自己本是一介草民，趁元朝腐败、群雄并起的时机拉起了队伍，幸而皇天后土保佑，得到了天下，从"草野庶民"变为"主宰庶民"。祭文接下去对炎帝进行歌颂，表示敬仰之情，"神功圣德，垂泽于今"。然后说"考君陵墓在此""特遣官奠祀修陵"，是说经朝廷考证，炎帝陵在长沙茶陵这里，特派遣官员前来修葺和祭祀，祈请炎帝护佑。

第一个"御祭"祭典

到了清代，祭祀礼仪更加繁缛。《大清会典则例》规定，凡遇国家大庆，如皇帝即位、亲政、立储、战功告成、帝后太后万寿、后宫晋徽等都要派遣官员赍香帛诣陵致祭，而且钦遣官员必须是侍郎以下，四品以上堂官。每次大祭后，均立祭文碑，以示心迹。

清代朝廷御祭的程序，通常先由礼部开列诣陵告祭官员名单，奏请皇帝钦定。皇帝钦遣官员如遇特殊事故不能担负诣陵致祭任务，则再奏请皇帝，敕令省都抚于副都统总兵内拟派，就近致祭，祭毕报礼部备案。据《炎陵志》记载，清代38次诣陵御祭，只有两次不是朝廷堂官主祭。一次是嘉庆元年（1796），仁宗颙琰遣荆州左翼副都统成德诣陵告即位致祭，后因故就近改派衡州协副将徐琨主祭。另一次是道光二十六年（1846）钦遣永州镇总兵俊告慈宫万寿晋徽致祭。还有一次是"遥祭"：顺治八年（1651），清世祖福临遣侍读学士白允谦告即位致祭，"时因山乡未靖"，白允谦未能亲到炎陵致祭，只在衡州治所遥祭，后由酃县知县徐鼎臣往衡州接回御祭碑一块，立于陵前。由此可见，一般情况下，钦定堂职官员都乐意担负此项任务，少有更改。

确定告祭官员的同时，由翰林院撰写祭文，太常寺预备祭帛。其他常用御祭物品如紫降香、沉速香、黄绫寿币、龙亭、香亭、御仗等，则由户部、工部置办，礼部行文咨取。钦命告祭官的起程日期由钦天监择定，临行前一日，告祭官行斋戒。届期赴礼部，由礼部堂官将致祭香帛祭文交与该员，并由礼部太常寺笔帖式内酌派一员赍送，然后行虔申昭告礼仪出发。祭文香帛如奉旨由皇帝亲阅，礼仪更隆重一些。先由皇帝散斋一日，然后在中和殿举行"亲阅"仪式，告祭官跪受祭文香帛，遵旨南行。

告祭官员到达州县后，州县地方官员朝服出郭跪迎，恭奉御祭祭文香帛置龙亭内，迎至公所中堂，各官行三跪九叩首礼，然后由告祭官会同地方官员择定致祭具体日期。祭前斋戒三日，再由地方官员预备鼓乐仪仗，行一跪三叩首礼，迎祭文香帛龙亭至祭所炎陵"天使馆"内。祭期前一日，由告祭官亲省祭祀馔醴供品。据清代《大清会典则例》及《炎陵志》所载，炎帝陵御祭馔醴供品陈设分为"荤祭""斋祭"两套。荤祭为牛一、羊一、豕一、鹿醢、脾析、豚拍、兔醢、鱼醢、醯醢、太羹、和羹、刑盐（用食盐作虎形）等。斋祭为黍、稷、稻、粱、枣、栗、榛、菱、茨、芹菹、笋菹；白饼、黑饼、菁菹、韭菹等。具体陈设位置，《酃县志》载有御祭图式，一目了然。

炎帝陵祭祀典礼是十分庄严而隆重的。是日黎明四鼓，各官吉服集体行礼，然后退入朝房序坐。地方官则到宰牲亭监督宰牲，礼生和执事人员陈设祭器、祭品、牲俎，乐工陈设乐器。陈设为御祭紫降香、沉速香、绫寿币各一，祭器为爵、俎、豆、簋、尊等41件，祭品为牛、羊、豕各一，稻、粱、鱼、枣等26种，烛二品。一切准备就绪后，人员集庙门外恭候。五鼓，告、陪祭官朝服，由东戟门入殿，击鼓三通，告、陪祭官就位，祭祀仪式开始。通常情况下，演礼配备礼生25名（有时多达39名），多由酃县、常宁、安仁、耒阳等县教官担任。其中通赞2人，引赞4人，司盥洗2人，瘗毛血5人，司香2人，司樽1人，司爵3人，读祭文1人，歌乐章2人，奉帛1人，助献2人。演礼按礼部规定，前后行三跪九叩首礼，按"迎神""初献""亚献""终献""受胙""撤馔""辞神"7道程序，每道程序均有一段颂词，是为"乐章"。

据《炎陵志》和《酃县志》载，这 7 段"乐章"是：

迎神：天生人兮养未及，猗大帝兮立人极，分草食兮蒸民粒，世永赖兮祀无斁。皇有命兮报神功，猗大帝兮驾青龙，降坛墠兮鉴微衷。

初献：涓吉日兮辰良，浴菲躬兮兰汤，佩玉鸣兮币帛，将祭如在兮心皇皇。

亚献：夜登坛兮未央，奠桂酒兮椒浆，肴燕薄兮荐芬芳，神昭昭兮来洋洋。

终献：纷扬抱兮拊鼚，疏缓节兮安歌，贰用缶兮心靡他，拟陈词兮续猗那。

受胙：君德昭彰兮禋祀古皇，上溯五帝兮下逮哲王，钦承厥命兮代天荐扬，佩玉鸣珂兮执帛奉璋，融若有孚兮襞积辉煌，公辅介祉兮禄寿靡疆。

撤馔：具粢盛兮惟虔，设果蓏兮惟涓，报大帝兮功如天，福我民兮成丰年。

辞神：维元元兮生不息，安饱暖兮谁之力，圣德深兮孰能测，人思功兮孰能绝。历万岁兮荐蒸尝，灵皇皇兮降中央，拥红云兮驭丹凰，炎回翔兮天茫茫。

礼毕，御祭即宣告结束。

这是有文字记载的第一个完备的炎帝陵"御祭"祭典。

（二）公祭

炎帝陵祭典是株洲市炎陵县的民俗活动，是国家级非物质文化遗产之一。举办祭祀炎帝陵活动，时间一般在清明和重阳。祭典在陵殿前举行，祭品为牛、羊、猪头各一（代表三牲），谷、豆类，干、鲜果和中草药若干。主祭、陪祭、参祭各佩胸花标识，由仪仗队引导，从入口广场、鹰鹿广场、朝觐广场步行至祭祀广场。届时，鼓号齐鸣，龙狮腾舞。祭祀仪式的程序为：仪式开始、全体肃立；鸣炮、奏乐；主祭人、陪祭人、参祭人就位；击鼓九通、鸣金九响；敬献供品；敬献花篮；主祭人敬香、恭读祭文、焚帛书；向炎帝神农氏三鞠躬；鸣炮、礼成。

中华人民共和国成立后，由省一级政府正式举行公祭炎帝陵是从 20 世纪 90 年代开始的。1988 年 10 月，修复炎帝陵主体工程竣工，炎帝陵正式对外开放。1993 年 8 月 15 日，湖南省人民政府隆重举行了公祭炎帝陵及为"炎黄杯华人华侨龙舟赛"之"炎黄圣火"取火种仪式。之后，湖南省人民政府各任省长

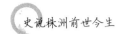

多次公祭炎帝陵。

（三）民祭

民间祭祀，指行业、社团、家族、村墟以及个人祭祀。民俗考察认为，炎帝陵民间祭不晚于殷商时期。传统祭祀日有春节、春分节（又称分社节、药王节）、清明节、谷雨节（祭茶祖）、炎帝诞辰日（农历四月二十六）、尝新节（农历六月初六前后）、重阳节、冬至节。此外还有禳灾祈福、感恩还愿等无定期祭祀。其中历时最长、参与范围最广的是春节祭祀。

当地百姓称祭拜炎帝陵为"朝神农皇帝""祭天子坟"。春节期间的"朝拜"活动，从"小年节"开始，一直延续到第二年的"月半节"（正月十五），历时20余天。朝拜人数比较集中的是小年日至除夕日、正月初一（朔日）、正月十五（望日）。其中除夕（含除夕前两三天）祭祀活动每日达数万之众。朝拜者除本县百姓外，还有毗邻的茶陵、攸县、安仁、资兴、桂东、永兴、宁冈、永新、遂川、安福等方圆二三百里地的百姓。

家庭、个人祭祀炎帝陵没有一定的程序，多是在陵庙的行礼亭或炎帝陵前敬献一副香烛，杀一只鸡，放一挂鞭炮，行跪拜之礼而已。较大的团体组织则参照公祭程序进行，那就是比较隆重的民祭了。

四、咏炎帝、炎帝陵诗文

（一）歌咏炎帝

泱泱中华是敬祖的国度。人们对祖先的敬仰，常常会通过诗进行歌颂。炎帝神农氏是中华民族始祖，自古到今，歌颂他的诗文汗牛充栋。或许不是专题的，不是成篇的，但就是在不经意间，说到或者提及，字语间总是充满了深深的敬意和爱戴。

商周之际的伯夷、叔齐不食周粟，在谴责周"以暴易暴"时，自然而然就歌颂炎帝神农以德治天下：登彼西山兮，采其薇矣。以暴易暴兮，不知其非矣。神农、虞、夏忽焉没兮，我安适归矣？于嗟徂兮，命之衰矣。（《史记·伯

夷列传》）

汉魏之际著名文学家曹植颂赞作品现存 30 余首，多为礼颂古帝先王，而第一位歌颂的就是神农炎帝。诗歌所歌颂的是炎帝的丰功伟绩。"造为耒耜，导民播谷"（曹植《神农赞》），歌颂了炎帝始作耒耜，首倡农耕，而他的"正为雅琴，以畅风俗"（曹植《神农赞》），则歌颂了炎帝斫木为琴，创意文化生活。

有唐以来，歌咏炎帝的诗更加丰富多彩。"好读神农书，多识药草名"（韦应物《种药》），"汉家旧种明光殿，炎帝还书《本草经》"（韩愈《和水部张员外宣政衙赐百官樱桃诗》），歌颂炎帝遍尝百草，发明医药。"农有耒耜，市有交易。泽被生民，功垂无极"（明·陈凤梧《神农赞》），歌颂了炎帝日中为市，首辟市场。明万历年间大学士李廷机作《五子鉴》，"神农氏以立，其始教民耕。斫木为耒耜，衣食在桑田。亲自尝百草，医药得相传。教人为贸易，货物得权衡"，则是多方面赞颂炎帝，对炎帝最主要的三大功绩——首倡农耕、发明医药、首立市场都进行了点赞。

南宋史家罗泌，庐陵（今吉安市）人。少好读书，绝意仕进，孝宗乾道年间撰《路史》，载上古之事，凡四十七卷。其中对炎帝的记载，比起以往的史籍来全面、系统多了。淳熙十四年（1187）正月，罗泌亲至炎帝陵拜谒，写下了《炎帝赞》："火德开统，连山感神。谨修地利，粒我烝民。鞭茇（草木的根）尝草，形神尽悴。避隰（低湿的地方）调元，以逃人害。列廛（房屋）聚货，吉蠲（积存）粢（泛指谷物）盛。夷疏损谷，礼仪以兴。善俗化下，均封便势。虚素以公，威厉不试。弗伤弗害，受福耕桑。日省月考，献功明堂。天不爱道，其鬼不神，盛德不孤，万世同仁。"应该说，这是一篇对于炎帝的功绩和贡献比较全面的颂扬文章。

（二）歌咏炎帝陵

对于炎帝陵的咏颂，是炎帝陵志诗文中的一个大亮点。自宋太祖赵匡胤乾德五年（967）为炎帝陵修建了陵庙，且"三年一祭，率以为常"始，到炎帝陵拜谒的众多文人，写下了很多咏颂炎帝陵的诗篇。这些诗篇有两个特点：

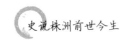

一是自宋以降，元、明、清，朝朝代代没有间断；二是既有咏颂整个陵寝陵庙的，又有咏颂陵区各个景点的。

宋代虽然未曾发现专门咏"陵"的，但如前所述，罗泌专程从吉安来到酃县谒陵，写下《炎帝赞》，既是歌颂炎帝的，也是咏颂炎帝陵的。

元朝是蒙古族在中原大地建立的王朝，然而，炎帝陵祭祀依旧。曾任茶陵州同知、国子监祭酒的江存礼就亲到炎帝陵祭祀，写下《炎帝庙》一诗："长兹金碧重门启，来酌椒浆日有人。"（清道光十八年《炎陵志》）

明代祭祀、咏颂炎帝陵的就更多了。居庙堂之高的如内阁大学士刘三吾、张治，处江湖之远的如隐僧常默、郭都贤，都留下了诗篇。

清王朝虽然是从关外入主中原，但康熙九祭炎帝陵、雍正重修炎帝陵而定下了炎帝陵的形制，乾隆十二祭炎帝陵，清代咏颂炎帝陵也达到一个高峰。从数量上讲，超过了以前任何一个朝代。

自宋以来，炎帝陵陵寝区的建设逐渐臻于完善。不但陵庙区到清雍正时期定下了形制，而且整个景区的景观建设也渐成体系。明清两代，陵区逐渐建成了鹿原陂、奉圣寺、飞香亭、味草亭、洗药池、咏丰台、龙潭、龙脑石、龙爪石、鹿原洞等景点，形成了炎陵十景。这些景点、景观，人们都有诗咏。这就传递了两个信息。一是位于酃县的炎帝陵的历史性，它是历代朝廷认可的，也是历代人们所公认的。二是位于酃县的炎帝陵的正规性，它不是一个单个的建筑，而是一个系统的陵园建设。

链接：咏炎帝陵的诗歌

炎帝庙

〔元〕江存礼

自昔神光耀九垠，何年来葬楚江滨。

断碑独载前朝梦，乔木犹含太古春。

南极海波同浩渺，苍梧云气共嶙峋。

长兹金碧重门启，来酌椒浆日有人。

注：江存礼（1299—？），湖北蒲圻县人。泰定四年（1327）三月登进士第。时年28岁。及第后任茶陵州同知，调任国子监助教、迁升国子监司业，元顺帝朝时任国子祭酒，成为全国掌管文化教育的最高行政长官。

炎帝陵

〔明〕刘三吾

巍巍祠典重皇坟，仰止仪形荐蕊芬。

绿树拿云龙奋水，苍苔封石虎藏文。

鹿原生长从何考？火纪名官自昔闻。

更爱高杉千万古，至今撑盖出层云。

注：刘三吾（1313—1400），湖南茶陵人。仕元为广西静江路副提举。入明后，于洪武十八年（1385）以荐授左赞善，累迁翰林学士。元末明初隐居炎陵县下村乡（八都）。

丁丑奉命至炎陵

〔清〕巢可托

群峰环拱鹿原坡，虬木森森绕薜萝。

精卫漫衔千载恨，丰年长听万民歌。

碧侵碑碣苔纹古，香护云烟药草多。

迢递关河通睿虑，南天深喜使星过。

注：巢可托，清满洲正蓝旗人。姓阿颜觉罗氏，字寄斋。荫贡生，累官至刑部尚书。有《花雨松涛阁诗文集》传世。清康熙丁丑，即康熙三十六年（1697），康熙亲征漠北，平定准噶尔部首领噶尔丹叛乱。巢可托奉康熙皇帝之命，以"靖边大功"诣陵告祭。

炎帝陵文史馆惠存

罗哲文

炎黄二始祖，南北启人文。

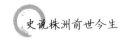

子孙齐景仰，世代结同心。

注：罗哲文（1924—2012），男，四川宜宾人，中共党员，中国古建筑学家，国家文物局古建筑专家组组长，原中国文物研究所所长。1940年考入中国营造学社，师从著名古建筑学家梁思成等。

五、炎帝陵碑文

炎帝陵的历代碑文，大体可分为两类：一类是祭祀碑文，这一类是大量的；另一类是记事碑文，它们主要记述的是历朝历代对炎帝陵的修葺。

1. 祭祀碑文

祭祀碑是炎帝陵最多的碑碣，是历次祭祀炎帝陵的祭文碑。古代的原碑已所存无几，多是残碑。现代的祭祀碑相当多，炎帝陵管理部门专门设立了"皇山碑林"，安厝这些碑碣。

2. 记事碑文

宋代罗泌《题炎陵碑》应该说是现存最早的记事碑。碑文说："神农有天下传七十世，在古最为长世者，葬于茶陵，见于《郡国志》《帝王世纪》，予作《路史》纪之详矣。后十有五年，始获拜陵下。摩挲古杉，俯叹石麟，追忆曩昔，恍尔隔世。淳熙十四年正月乙卯，炎陵外臣庐陵罗泌书款。"

之后，明万历四十八年（1620）《重修炎陵庙》碑、清乾隆十七年（1752）《重修炎陵奉圣寺序碑》、道光七年（1827）《新作咏丰台暨复修飞香、味草二亭记碑》、道光十七年（1837）《重修炎帝陵庙碑》等就属于这一类。但乾隆二十七年（1762）《衡州府知府饬禁炎陵大祀科派示碑》是个另类，它是禁止炎陵大祀科派扰民、明白公示劳务用工价格的告示。这大概也可以看作是当时廉政建设的一个举措吧。

衡州府知府饬禁炎陵大祀科派示碑

为饬禁事，照得该县地处边陬，素少差务。惟遇钦差告祭大典，应需夫役及供应食物等项，不得不取办于本境，但宜照时发价，不容科派累民。兹访该县从前办理差务，雇夫工价多寡无定，承办书役因而从中扣克。且闻每里议设一人，名曰干办，凡一切应用食物，悉令干办取备，以致借端科派，并向各铺户索费银数钱至两余不等。当此功令森严，岂容种种扰累。该县廉洁素持，固知自爱，但恐书役蒙混滋弊，合亟饬禁。

为此，仰县官吏，嗣后凡遇钦差告祭之期，雇募夫役，每名每日给钱四十，往返程途计日给发。如有守候，每日每夫给米一升、钱五文，当堂按名给发，不得假手书役，至滋扣克。凡一切供应食用等项，悉照市价公平购买，不得短价科派。至每里干办名色，永行革除，不许复设。如有不法书役，借端需索及科派累民情弊，一经查出或被告发，书役则严拿重究，官则详揭请参。该县仍即勒碑示禁，将碑摹送查无违。乾隆二十七年正月日酃县知县张锡组勒石。（此碑原在奉圣寺右厢。今无存）

现代的记事碑，多是以记述炎帝陵修复建设为主，如1930年薛岳《重修炎帝陵碑》、1989年《湖南省人民政府重修炎帝陵碑记》、2015年湖南省炎帝陵基金会《神农园记》等。

曹敬庄

株洲市博物馆原馆长，湖南省《炎帝陵志》主编

第二期

熊希龄与创兴湖南醴陵瓷业

一、熊希龄为什么要创办醴陵瓷业

醴陵瓷业的兴起，是熊希龄振兴湘省实业的产物。湖南近代化的实业是从甲午战后才开始起步的。通过维新变法运动，湖南办起了新式的工矿、通讯与交通运输业。在戊戌政变中，实业方面的设施没有被摧毁，这为湖南20世纪初实业的发展奠定了基础。

有了这样的基础，加上清末新政时期清政府对实业大力鼓励提倡，湖南的实业发展具备了良好的时机与条件。清末新政乃是湖南在20世纪初得以改革与振兴的一大契机。

另外，这一时期，岳州、长沙等城市相继开埠通商，湖南的铁门被打开。外国资本主义经济侵略湖南的形势越来越严峻，帝国主义对湖南经济侵略的加剧，严重地刺激着熊希龄，使他立下了"决意专注实业"的大志。在这样的情况下，熊希龄以振兴湘省实业为己任，创办了湖南醴陵瓷业。

二、熊希龄为何选择在醴陵办瓷业？醴陵具有什么样的条件和基础

熊希龄1904年东赴日本，对其工业发展作了专门考察。回国后，熊希龄根据自己的考察所得，写成一个呈文，以湘省实业振兴的重要性为出发点，

以日本的工业化道路为榜样，提出了一整套创兴湘省实业的措施和设想。

他把日本的工业发展分为三种形态：一为移植工业，即"仰外国原料之输入，又用外国式诸机器以制造之"；二为模仿工业，即"以本邦物产之原料为基础，而用外国式诸机器以制造之"；三为特有工业，即"以本邦生产之原料，而用内国人发明之新式机械以制造之"。

熊希龄认为，欲振兴湘省实业，必须像日本那样，先从创办模仿工业开始。因为日本是从模仿工业开始取得成功的，况且从当时湖南的情势来说，最为现实的办法，就是办模仿工业。

熊希龄将这些如何振兴湘省实业以及推广实业学堂办法的构想写入呈文。呈文上达后，湘抚端方大为赞可，"许以次第施行"，但事属伊始，要熊希龄应当"先速办一二校以观厥成"。

于是熊希龄决定选办两所实业学堂作为试点：一是在本府沅州办一所沅州学堂，以蚕业教育为主；二是在湖南醴陵办一所醴陵学堂，以瓷业教育为主。

而之所以选择醴陵办学，是因为醴陵在瓷业方面有一定的基础，比较符合创办模仿工业的条件。且瓷业较易改良，一旦改良能成，不仅获利甚巨，还可望成为湘省实业振兴的样板。

1905年，熊希龄束装来到醴陵，会同醴绅文俊铎等人，开始对醴陵瓷业作实地考察。通过考察和分析，熊希龄认为醴陵瓷业的改革创兴完全有可能做到，倘若能改良技术，生产优质细瓷，市场前景广阔。

三、熊希龄是怎样创兴醴陵瓷业的？创办的过程及其管营模式如何

1. 熊希龄提出三方面的改革措施，以此来创兴醴陵瓷业

第一，先设立瓷业学堂。选窑户中熟娴工人数十名入学堂学速成科，选择各窑户工人中之子弟年龄在十五、文理通顺者学永久科。学成之后，各回本厂自谋改良。这不仅解决了技术问题，而且利于各窑户长远的发展，等

以后技术精益求精，产品质量提高，定能抵制外货的输入，对于国计民生可以说都大有裨益。

第二，设立瓷业公司。由熊希龄等召集商股三万元承办，各窑户均可入股，这样可以将分散的小窑户集合成一个整体，既能使小窑户摆脱运商的控制，又能解决资本不足的问题，从而有利于扩大生产，达到改良进步的目的。

第三，选择好学堂与公司建立的地点。可以将地点选定于姜湾，因为这里距县城仅五里，又濒临渌水，易于购料，省去运费，可减轻生产成本。

2. 开办学堂及其经费问题

熊希龄关于开办顺序的设想：醴陵瓷业改良成功与否，先由学堂来试验；待学堂有了完全可靠的把握，然后再开办公司。

要开办瓷业学堂，熊希龄首先要解决的就是经费问题。学堂需要开办费和常年经费两项。开办经费解决得十分顺利，因为熊希龄得到了湘抚端方的大力支持。端方根据开办学堂实际所需数目，于 1905 年 7 月令省厘金局拨给银 1.8 万两。

常年经费长时间没有着落，熊希龄为此做过多番努力。熊希龄计划从两个方面筹措：一是从运商手中抽取一部分。二是商请萍潭铁路局，从萍乡经湘潭到株洲的铁路乘客客票中按等级每票加抽一角或数十文以充学堂常年经费。然而，路票加价筹措计划被农工商部拒绝了，只能靠从运商手中抽取部分来筹措。

在铁路票加价计划落空后，熊希龄主要采取了如下两项补救措施：一是去找端方，向他提出在湘岸盐款项下搜罗筹措的办法；二是请求湖南、湖北、四川各省督抚设法协济。

3. 对学堂和公司的治理整顿

在治理学堂方面，熊希龄提出四项治理措施。第一是强调瓷校经费必须与公司分而为二，瓷校应当建立独立的经费核算制度。第二是贯彻实业教育的办学宗旨，培养实业发展需要的人才。第三是提倡勤俭节约的办校方针，节约经费。第四是办学注重统筹全局的办事方法，强调务实。

在整顿公司方面，其一是把生产和管理进行重新布局，细分各部门职责。

其二是针对公司在产品制造上的缺点，对产品生产的陶画、制器、着色、研究、包装、试验等环节规范操作，严格把关。

四、熊希龄所办理的醴陵瓷业在当时的历史条件下取得了怎样的成功

醴陵瓷业经过改革创兴之后，很快获得了空前未有的发展。醴陵瓷业公司生产的产品质量上乘，文质兼优，时人将之与景德镇瓷列为"二绝"。

不过十年，湖南瓷与湘中绣货就成为劝业会赛场赛品之两大宗。在1909年的武汉和1910年南洋劝业赛会上，醴陵细瓷更是力压景德镇瓷，斩获一等金牌奖章，名誉日隆，中外咸知。

瓷业公司的兴盛，引来众多商人投资入股，生产规模逐步扩大，并在长沙、常德、湘潭、醴陵、衡阳、益阳六处设立承销处。醴陵瓷业公司发展成为湖南省举足轻重的企业之一，它与湖南的铁路、矿山、航运并称湘省的四大实业，为世人所瞩目。

五、熊希龄创兴醴陵瓷业留给我们今天的历史启示有哪些

熊希龄能够取得改革创兴醴陵瓷业的成功，有如下三方面的原因。首先，熊希龄在当时投身实业，选择在醴陵创兴瓷业，体现他对机遇的把握和在地区发展中运用因地制宜的思想。其次，熊希龄能够成功地改革创兴醴陵瓷业，还在于其改革的指导思想、方式和步骤的正确。最后，熊希龄在改革创兴醴陵瓷业中具有一种不畏艰难的勇气和敢于进取的改革精神。

熊希龄改革创兴醴陵瓷业的成功也给我们今天的发展带来宝贵的经验和启示：地方的经济社会发展，要把握好时代发展机遇，因地制宜，打造优势产业。当前，湖南和株洲的发展就面临着两大机遇。其一为长株潭一体化建设的机遇，其二为粤港澳大湾区建设的机遇。

另外，发展要注重科学规划，注重发展策略，同时要认清楚科学技术的重要性，重视教育和人才培养。

最后，要做好新时代改革发展的各项工作，就要具备勇于迎难而上、敢于进取的决心和精神。

周秋光

湖湘文化研究会会长，湖南省政府参事，

湖南师大公益慈善研究院院长、教授、博士生导师

第三期

株洲地名历史文化

一、相关概念简述

1. 地名

地名指在长期的社会活动中，人们为了更好地生产、生活、交往、交易，赋予某一特定空间位置的自然地理实体和人文地理实体的专有名称。

它是原始社会发展到一定阶段的产物；它的词语构成有"音、形、义、类、位" 5 种要素；它具有社会、民族、地域、时代等特征。地名种类繁多，主要有山系地名、水系地名、聚落名、政区名、建筑物名等。[①]

2. 历史文化

（1）历史——一切事物变迁、沿革、变化、发展的过程，主要包括自然史、社会史、人类史。历史是客体与主体的统一，是客观真实的。

历史史实的内涵，主要由历史传说（主要指世界各民族文字发明前的上古历史传说）、历史文献、历史文物、历史研究构成。其核心是史实的客观性。

但人类历史的书写与传承是人为的现象，由此造成历史客体性与主体性发生矛盾。历史传说、历史文献、历史研究甚至历史文物有可能违背、扭曲历史史实内涵的客观性。

---

①中国大百科全书总编辑委员会编：《中国大百科全书·地理学》，中国大百科全书出版社，2004年，第89—90页。

历史客观真实性的唯一标准：历史文献与历史文物尤其是地下出土文物的双重印证，是检验历史客观真实性的唯一标准。

探究客观真实的历史，是历史研究者及史学家的神圣使命。

（2）文化——文化是个多义词。传统认为有160多种释义；[美]克鲁伯、克鲁柯亨合著《文化：关于概念和定义的检讨》列举：1871—1951年理论界认为文化的定义达164种；[①] 有学者统计，当今世界各民族共有1000多种说法。[②]

依托中外古老信念，我认为，文化说到底是人类社会实践中人为的有价值的事物。一般说来亦有物态文化、制度文化、行为文化、心智（精神、心理层面）文化四种表现形式。它的内涵，应是有历史渊源、文化依源且有价值的人为事物，其核心是具有一定根源的主观真实性。它有地域性、民族性、多样性、时代性特点；它有整合、导向、认同、传承、发展等作用。追求有历史渊源、文化依源且有价值的民族文化，始终是文化研究者及文化学者的神圣使命。

（3）历史文化——是历史与文化紧密结合又相互区别的一种物质财富与精神财富的综合表现形态。

因此，在历史文化研究中，要特别重视处理好二者的关系。总的原则是遇到历史问题，应始终坚持历史是客观的，必须以史实为依据；遇到文化问题，应始终坚持文化是主观真实的，必须以价值为依源。要极力防止当下历史文化化、文化历史化的错误方法，干扰历史文化的研究，尤其是地名历史文化的研究。

3. 地名历史文化

（1）定义——与地名紧密相系又具地域特色的历史文化的综合表现形态。它涉及特定的地形、地貌、地形、气候、水文、人物、事件、民族、物产、宗教、风俗等。

广义的地名历史文化，是泛指自然地名、地域地名、区划地名，与该地

---

①韦政通编著：《中国文化概论》，吉林出版集团有限责任公司，2008年，第2-8页。
②邵汉明：《中国文化研究二十年》，人民出版社，2003年，第413-414页。

名相关的地形、地貌、地形、气候、水文、人物、事件、民族、物产、建筑、宗教、风俗等。

狭义的地名历史文化，是特指区划地名相关的最有特色的地形、地貌、地形、气候、水文、人物、事件、民族、物产、建筑、宗教、风俗等。

（2）地名历史文化——以株洲大桥地名为例。

从历史视角看地名历史，如建桥领导层的决策、决定；建桥的时间（1986.03—1988.12）、地点（槠洲古渡口）；建桥科技工作者的设计、方案等，建桥施工队伍的施工要求、程序、物资采购、现场施工、质量监控等；管理者的管理程序、制度安排、人员素质；桥梁的桥型、桥长、桥宽、桥高、桥面坡度等状况；桥梁的车流量、载重量、安全系数等。株洲大桥以上诸种状况，实际上是一种物态文化与制度文化的综合表现。

从文化视角看地名文化：建桥整个过程中，充分体现了决策、管理、设计、施工者的思想、理念、观点、科学、技术、知识、经验等状况。形成了一种实用价值、美学价值的客体主体相融合的建筑物。株洲大桥充分体现了作为现实主体人改造客观世界的主观能动性。

如果这座宏伟美观的大桥被作家、艺术家们以各种创作艺术门类加以歌颂、抒写、描绘，这就由地名历史文化转化为创作文化了。这是行为文化与心智文化的体现。因此，株洲大桥地名是地名物态文化、地名制度文化、地名行为文化、地名心智（精神、心理层面）文化的有效表现形式。

二、株洲地名释义

1. 株洲——古名槠洲，又偶名朱洲[1]

"槠"，木名，学名青椆，名苦槠，俗称栗珠子树，常绿乔木，实为坚果，味略苦。木质坚硬有弹力，可作家具、枕木、车轴、榨油之材。[2]

---

[1]湖南古今地名辞典编委会编：《湖南古今地名辞典》，湖南出版社，1993年，第61页。
[2]中国社会科学院语言研究所词典编辑室编：《现代汉语词典》，商务印书馆，2005年，第1776页。

《山海经·中山经》："又东南二百里曰前山，其木楮多柏。"《集韵·鱼韵》："楮，木名，似柃，叶冬不落。"《本草纲目》中亦有详载："时珍曰：楮子处处山谷有之，其木大者数抱，高二三丈，叶长大如栗，叶稍尖而厚坚光泽，锯齿峭利，凌冬不凋……结实大如楷子。"由此可知，楮木实为人类最早认识并利用的植物。

"洲"，古文中多指河流中由沙石、泥土淤积的陆地。后也引申为一块大陆及附近岛屿的总称。《诗经·周南·关雎》："关关雎鸠，在河之洲。"《尔雅·释水》："水中可居者曰洲。"《说文》作"州"："州，水中可居曰州。周绕其旁，从重川。"示意州是水环绕中的陆地。

株洲这块地域内，古时岗地纵横，溪河遍布，地濒湘江多沙洲，故以地形、植物命名为楮洲。

2. 楮洲地域（今株洲市辖境）的上古归属

（1）原始社会中晚期（距今7000—5300年），属大溪文化势力范围。

1988年6月在株洲县三门镇燕子村，发现了六斗坡旧石器遗存，距今约20万年。这表明今株洲境域内，那时就有人临水而居。1987年，又相继发掘了株洲市磨山遗址，发现了印纹硬陶的陶器及石器、骨器等，经考证为大溪文化的遗存（距今7000—5300年）间。这表明，今株洲市境域内，就属大溪文化的势力范围。[①]

（2）远古时期，属九黎部落势力范围。

《国语·楚语》："九黎，蚩尤之徒也。"《战国策·秦》《书·吕刑》《吕氏春秋·荡兵》等古籍中，皆言蚩尤为九黎之君。《龙鱼河图》："蚩尤摄政有兄弟八十一人。"相传蚩尤为首领的九黎部落联盟由81个氏族组成。

据《太白阳经》记载："伏羲以木为兵，神农以石为兵，蚩尤以金为兵。是兵起于太昊，蚩尤始以金为之。"当传说中的伏羲、神农使用木、石兵器时，蚩尤就以金属红青铜作兵器。这说明其时九黎部落的生产力水平高于炎、

[①] 曹敬庄主编：《株洲文物名胜志》，中国文史出版社，1991年，第137—141页。

黄部落。

相传黄帝部落在中原(今河南新郑市)生成、西部崛起(今陕西渭水流域)，与炎帝(生成于今湖北烈山，迁育于渭水支流羌水流域)争战统一北方后，便乘胜东进，却遭到了蚩尤部落的强力抵抗，东西两大部落在黄河中游地区发生激战。《太平御览》："黄帝与蚩尤九战九不胜。"后来黄帝部落得到当地居民的帮助，和合炎帝部落，最后在"涿鹿之阿"(今山西运城市盐池周边地带；亦说今河北涿鹿县，但缺地下文物支撑)将蚩尤战败擒杀。①

（3）上古时期，属三苗国、祝融部落辖地。

九黎部落战败后，势力大衰，被迫渡河南迁，退居到现在的洞庭湖、鄱阳湖及周边地带，占据今湖南、江西等周边广大地区(钱穆先生认为："三苗洞庭"不在岳州，在今汉水流域。)

尧、舜、禹时，又形成了三苗部落联盟，其首领为驩兜；又有炎帝后裔祝融氏，其首领仍为祝融，均居住在今湖南境内。

《尚书·尧典》："放驩兜于崇山(崇山峻岭)以变南蛮。窜三苗于三危。"《国语·楚语》《吕氏春秋·召类》中，多有三苗反抗不服，而遭征服的记载。最后舜帝率部族大举南征，由于力不从心，"舜南征三苗，遂死苍梧"(《淮南子·修务训》)。苍梧，今湖南永州市宁远县。

《炎帝神农氏南迁湖湘考》认为：尧、舜、禹时，距今4600年左右，炎帝部落首领帝榆罔后裔，继任华夏部落联盟"火官"，委以"司徒"重任，主政南方，仍号祝融氏。《路史·卷八》载：其首领"其治百年，葬衡阳之阳，是谓祝融峰也"。而后裔族居在今湘江支流洣水、耒水流域，其中一位杰出首领仍称炎帝神农氏，相传有七大殊功，死后葬于今炎陵县鹿原坡，是谓炎帝陵。被华夏子孙奉为人文始祖，世代奉祀。

这一时期，今株洲境域内发掘了新石器遗址13处。经先秦文献记载与地下文物考古证实，今湖南、江西两省及周边地带，上古属三苗国及祝融部落"司徒"辖地。株洲境域应为古三苗人、祝融部落后裔、古越人居住之地。

---

①彭雪开编著：《株洲古今地名源流考释》，中南大学出版社，2013年，第6页。

（4）商代西周时属"荆楚""南蛮"之域，长沙始为西周方国。

20世记80年代以来，在今株洲市境域内湘江、渌水、攸水、洣水等流域，发掘商周遗址125处。这些遗址均为新石器时代龙山文化遗存。而今株洲市区范围内，东向发掘了烟墩冲（今株洲市荷塘区）新石器时代遗址，南向发掘了白关（今株洲市芦淞区）商代银子园村落遗址。

这表明在商代前，这一带就形成较大的古村落。当为古三苗人后裔、南迁祝融部落后裔（即湘江流域中上游炎帝神农氏）、古越人居住之域。

西周初，楚人鬻熊率季连部落附周叛商，因功封为"子"（公、侯、伯、子、男五爵之"子"爵）。其后裔熊绎事周成王有功，封以"号为子男五十里"地，① 居丹阳一带（今鄂、豫交界今丹江水库内），筑城族居。后沿丹、淅水而至荆山一带，筑城族居，为周之小侯国，开拓南方，渐强后号为"荆楚""南蛮"。

《长沙地名源流考》认为：西周初，长沙之名，已在《禹贡》中出现。自此后原殷商扬越人长沙方国，助西周周公平定东夷、南蛮有功，被周武王封为西周方国，臣服于西周。

（5）春秋时期。今湖南境地多属荆楚、荆蛮、扬越人势力范围。

春秋初期，今湖南境地多属荆楚势力范围。

春秋中期，楚庄王（前613—前591）大败晋国，成为春秋五霸中第一强国后，在原有向东向南拓展国土的基础上，荆楚文化沿沅、湘溯流而上，在今湖南境内水陆要津、大阜城邑驻军，管辖着广大城邑及乡村。今湖南地方志及益阳市等地有地下出土文物证实。②

从楚武王至春秋中晚期楚惠王（前841—前476）此，楚国春秋期间330余年间，置县30个，皆有其政区地名，如权、那处、申、息、商等，今仍可考证。③

---

① 〔西汉〕司马迁：《史记·孔子世家》，中华书局，1999年，第1556页。
② 潘茂辉、曹伟：《湖南春秋晚期越楚墓葬辨》，[EB/OL] 2012-10-29，http://www.yywhyc.ntt。
③ 徐兆奎、韩光辉：《中国地名史话》，商务印书馆，2009年，第21页。

春秋晚期，多为扬越人方国地，属"荆蛮"（楚人）势力范围。有不少大小村落沿江、河、溪、港聚居，少数为楚人，多为扬越人混居。

（6）战国时期。株洲境域属楚人势力范围，后为楚郡、县所辖。

战国初期。湘东一带，城邑（军邑、县邑）多属楚人势力范围，乡村多为古扬越人势力范围。

战国中期。《株洲文物名胜志》载：在今株洲市区江南商城一带，发掘了10座战国墓，出土不少珍贵文物。这进一步说明，今株洲市区中心地带，在当时有较大的聚落或村邑。

战国中期，株洲境域属楚洞庭郡、苍梧郡。地下出土文物与地方志记载：多为楚人、越人和合杂居时期。

战国中期，约在前381年前，楚悼王（前401—前381）起用吴起为相，变法图强（前386—前381），结果一年多时间，"南平百越，北平陈、蔡"（《史记·吴起列传》），所记威震中原诸国，秦、晋也为之震惊。《后汉书·南蛮传》："吴起相悼王，南并蛮越，遂有洞庭、苍梧。"

2003年，在湖南龙山县里耶镇出土的十几万秦简中，有"洞庭郡""苍梧郡"的记载。秦沿袭楚制。这证明楚已置洞庭郡、苍梧郡，管辖楚南广大地域。其郡域难以稽考。有关学者考证：洞庭郡治，当以今长沙青阳（长沙古名）为中心。苍梧郡治，当以永州市宁远县九疑山为中心。

《战国策·楚策一》："楚地西有黔中、巫郡。"《史记·秦本纪》："楚自汉中，南有巴、黔中。"今考约在楚威王（前339—前329）时设置黔中、巫郡。管辖今湖南西南部及贵州东部等广大区域。

由此可知，在战国中晚之交，楚国在今湖南境内设置"洞庭郡""苍梧郡"，约40年后再置楚黔中、巫郡。

战国晚期，为楚人设置郡、县所辖。

株洲境内，据两汉之前文献及出土文物初步证实，设置有攸舆县（今攸县）、茶陵县（今茶陵县）。（参见《攸县地名源流考》《茶陵地名源流考》）

（7）秦首属洞庭郡，旋属黔中郡，后属长沙郡。

据地下出土文物及秦、汉文献记载：秦始皇二十五年（前222），秦灭楚洞庭郡置秦洞庭郡，郡治今长沙市；又置秦苍梧郡，郡治今永州市境内；越年（前221）遭楚人反叛，秦撤洞庭郡入黔中郡，屠长沙郡城；旋又分黔中郡入南郡，分黔中郡"沙乡之地"（今长沙为主湘江流域）为长沙郡，郡治长沙；秦又撤苍梧郡为长沙郡。其时，今株洲境域已置秦攸县（今攸县）、茶陵县（今茶陵县）先属秦苍梧郡，后因攸县利乡"新黔首反"，秦便撤攸县归阴山县为乡域，属桂阳郡。茶陵县（今茶陵县）仍属长沙郡。史载秦黔中郡辖县十二，其中有容陵县、阴山县等。这两县县治，今考均在今攸县境内。

《华阳国志·蜀志》记：秦昭王二十七年（前280），秦司马错率秦军攻楚，占领楚国巫、黔中郡，设置秦巫黔中郡。今考楚黔中郡郡治驻今湖南沅陵县城西；秦黔中郡郡治首治原址，后驻今湖南常德市区。

（8）西汉、东汉时期。株洲境域，西汉属长沙国，辖临湘、罗、湘南、攸、茶陵、下隽、益阳、连道、昭陵、承阳、容陵、酃12县，东汉属荆州长沙郡，东汉末始属荆州长沙郡建宁县。

3. 楮洲何时得名

楮洲得名于何时，至今难以稽考。不过，仍有迹可循。

中国有文字可辨的地名，源于殷商甲骨文。战国时《禹贡》中，第一次出现了以山、水命名的地名。以后《史记》《尔雅》《汉书·地理志》等地籍专著中多录政区山水命名的地名，以地形地物命名的地名亦已出现。《尔雅》是我国最早的一部解释词义的著作，成书于东汉永康年间，释地、丘、山、水之名。如释"洲"曰"水中可居曰洲……"

两晋以后至南北朝地名学著作中，如《博物记》《吴录·地理志》《尔雅注》《华阳国志》《宜都山川记》《襄阳记》《湘中记》《广州记》《荆州记》等名著中，地名绝大部分都以山、水、人物、方位、行政治所、民族为名，以物产命名的也有。直到郦道元《水经注》，人文地理实体的名称才大量涌现，仅《水经注》中就解释地名渊源1052处，其中人文地理类的约有724个。

今株洲市区，商代以前就散居古人类村落。古代这一带，冈峦、溪谷、河流遍布，依山傍水，森林茂密，可渔可猎可耕，最适宜人类居住。据地名命名的规律推测以及相关文献记载：约在《尔雅》成书之后的东汉永康至建宁年间（167—172），这里就形成了以地形地物命名的村落名——楮洲。

不过，其时的楮洲作为古居民村落，并非大驿通衢，亦非县治州治，古楮洲村落地名多为口传地名，抑或有民间书写地名，直到楮洲成为三国吴建宁县县治，才有可能为官方文献书写。

清光绪《湘潭县志》、2006 年《株洲市南区区志》确记建宁县县治设在楮洲。如清光绪《湘潭县志·山水》记："西南流迳株洲而入于湘……地为建宁故城，吴侯孙权所立，以防蜀湘南之渡。"但至今无其他古文献印证，然而实有可能。

4. 楮洲何时何人记载于史籍

（1）最早载有"朱洲"之名，始于北宋元丰六年（1083）。[①]

宋神宗元丰六年（1083），诗人张舜民被贬为郴州酒税官（酒场官），乘船溯湘江而上，途经今株洲县王十万乡，写有《次晚洲》（今挽洲）诗。在其笔记中记："癸巳，次晚洲，洲上平广，土壤如北方，居人止一两家。自朱洲之西水中，处处有三石，形如坏豕，土人谓之黄牛石，出没水中，颇为舟船行人之患，过者避之。"

文中"朱洲"，应指今楮洲无疑。诗人可能依楮洲或"株洲"谐音，写成"朱洲"。因缺文化依源，又仅为偶记，后自然消失。直至明崇祯《长沙府志》又偶作朱洲，也因无文化依源，后亦消失。自此后，不见文史诸籍。

（2）楮洲之名，见诸文字记载并得到学者、文人、社会认同的，为南宋著名理学家、教育家朱熹。

有关史料记：南宋乾道二年（1166），朱熹与岳麓书院主持张栻，在岳麓书院进行著名的"朱张会"讲学后，同游南岳，一路以诗酒酬答应和，朱熹事后在《南岳游山后记略》中有"丙戌至楮洲"的记载。南宋"丙戌"年，即南宋乾道二年。

南宋乾道九年（1173），著名诗人范成大出任广西静江知府，赴任时途经今株洲境内，写有《题醴陵驿》诗，其中有云"楮洲何日到，鼓枻上沧浪"句，

---

①佘意明：《株洲文明史略》，岳麓书社，2015年，第78页。

并作《楮洲道中》诗："烟凝山如影，云寨日射毫。桃间红树回，麦里绿丛高。客子叹游倦，田家甘作劳。乘除吾尚可，未拟赋离骚。"

南宋嘉定元年（1208），荆湖南路、荆湖北路（今湖南境）官方绘制的地图册上已明确标注"楮洲市"。[①]这说明其时楮洲已成为湘江边上一重镇，而知名郡县，通名全国了。

南宋绍定年间（1228—1233），江湖派著名诗人戴复古（1167—？，今浙江黄岩市人）浪迹楮洲，作诗《九日楮洲舟中》："几年重九客他州，少泊楮田古渡头。人问饮中言我乐，谁知笑里是吾愁。黄华可忍抛三经，白发犹堪奈几秋。今日登高无所处，一樽携上枕江楼。"诗中"楮田"，即为"株田"。

1995年《湘潭县志》、旧《醴陵县志》皆有"株田铺"记载。经我实地考察，明清时，株田铺为醴陵县经白关、荷塘铺通往长沙的必经之道，亦为湘潭县通往醴陵重要铺递。1950年仍属湘潭县株洲镇，有株田铺老街，即今株洲市芦淞区龙泉街道办事处龙泉居委会。

5. 楮洲何时称名株洲

楮洲，何时依谐音简称株洲？目前至少有四说：其一，南宋建炎元年（1127），楮洲已名株洲；其二，2006年《株洲市南区区志·大事记》称：南宋乾道九年（1173），已由"楮洲"改称"株洲"；其三，1992年《中华人民共和国地名辞典·湖南省》称：南宋乾道间已有楮洲地名，后简作株洲，1993年《湖南古今地名辞典·株洲市》亦持此说；其四，2009年《湖南省地名志·株洲市》称："自南宋绍熙元年（1190）定名株洲。株洲之名沿用至今。"四说之中，究竟何说为准，至今难以定论。

然而，南宋建炎元年（1127），由楮洲定名为株洲，是有其历史依据的。

有关史料记：自北宋设驿站后，楮洲渐以株田铺聚居为集市集镇，至南宋初时，已成一方名镇了。至南宋建炎元年，由于境内酿酒业兴旺，株田铺

---

①谭其骧主编：《中国历史地图册集（宋·辽·金时期）》，中国地图出版社，1996年，第63-64页。

一带已酒肆林立，商贾穿梭于世，文人、骚客、宦者、游者，多栖宿此地。

南宋隆兴元年（1163），奏斩秦桧的名臣胡铨 [1102—1180，字邦衡，号澹庵。吉州庐陵芗城（今江西省吉安市青原区值夏镇）人，南宋名臣、文学家，庐陵"五忠一节"之一，与李纲、赵鼎、李光并称"南宋四名臣"] 谪贬衡州（今衡阳），回朝复职（拟任饶州知府），饮于楮洲胡氏园，宋罗大经《鹤林玉露》卷十二："胡淡庵十年贬海外，北归之日，饮于湘潭胡氏园，题诗云：'君恩许归此一醉，傍有梨颊生微涡。'"明末清初朝鲜学者宋时烈著《朱子大全札疑》，载有黎倩的简历及这个故事。冯梦龙《情史》亦载。可以想见当年楮洲繁华之景了。

尔后，戴复古的诗中，更是确证南宋初时楮洲繁华之状了。南宋建炎元年（1127），朝廷任雍端行为楮洲酒场官。至此，每年征酒税 20 万缗钱（一缗又称一贯，即一两银子），俨然一县级都市酒税了。直到南宋绍熙元年（1190），湖南转运判官陈傅良到株洲核减酒税。减负后，商业更趋繁兴。自南宋建炎元年（1127），楮洲改名株洲后，历 71 年繁兴发展，至南宋嘉定元年（1208），官方地图册上已标为"楮洲市"。

楮洲改名为株洲，可能一是因酒税业务繁忙，交往日多，经管人员少，忙不过来，为图书写方便，故以谐音简写成"株洲"。起初，多民间口传、书写，后多出现在地方官方文书中，久而久之约定俗成，渐渐为人们所接受。

自此后，官方文书多录今名，民间多录古名。有时古、今地名无论官方、民间，皆交替使用。但以后使用楮洲古名者日渐减少，使用今名者日益增多。

不过，清光绪《湘潭县志》有时录为古名。清光绪三十一年（1905），株萍铁路历时 7 年建成通车，在今株洲设站，仍书写古名"楮洲"，直到清宣统二年（1910），粤汉铁路株洲至长沙建成通车，才改称"株洲车站"。至此后，无论官方或民间，皆以"株洲"名之，"楮洲"古名渐成历史记忆。

6. 株洲境域何时置县？县治何处

东汉建安二十年（215），始置建宁置县。

《三国志》涉及县级行政区划时，只言州郡，少有县名记载。不过，《晋书·地理志》《宋书》《南齐书》《隋书·地理志》《新唐书·地理志》中，都有建宁县名的记载。这足以证明三国初，建宁县确已设置，属长沙郡。

建宁县何时设置，仍存三说：一是设置于东汉建安十九年（214）；二是设置于三国吴太平二年（257）；三是"晋泰始中立"（265—274）。

本人认为东汉建安二十年（215）七月至十一月间，置建宁县。

（1）《三国志·吴书吴主传》记："建安十九年五月（214）……刘备定蜀，权以备已得益州，令诸葛瑾从求荆州诸郡，备不许……""权遂置南三郡长吏，关羽尽逐之"，"权大怒，乃遣吕蒙督鲜于丹、徐忠、孙规等兵二万取长沙、零陵、桂阳三郡"，逐尽得三郡将守。孙权又令孙皎、潘璋、鲁肃合兵并进，拒关羽于益阳。因"权遂置南三郡长吏"，后"未战，会曹公入汉中，备惧失益州，使使求和。权领诸葛瑾报，更寻盟好，遂分荆州、长沙、江夏、桂阳以东属权，南郡、零陵、武陵以西属备"。吴蜀为争夺荆州，兵戎相见。这一年设立建宁县，可能性有，但不大。

（2）另据《三国志·魏书·武帝纪第一》载：建安二十年秋七月"公军入南郑，尽得鲁府珍宝。巴、汉皆降"。北宋《资治通鉴·六十七》中，亦有类似记载。

（3）《三国志·卷六十》："建安二十年（215年），（孙权）督孙茂等十将从取长沙三郡。又安成、攸、永新、茶陵四县吏共入阴山城（今湖南攸县鸭塘铺乡阴山港村）。合众拒岱（吕岱），岱攻围，即降，三郡克定。权（孙权）留岱镇长沙。"

（4）新中国成立后编写的湖南省湘东、湘中多部县志，也持建安二十年吴置建宁县之说。[参见《株洲市志·大事记》（2017），《茶陵县志·沿革》《攸县志·大事记》《醴陵市志·大事记》《衡山县志·建置·沿革》等。]

根据以上国史与地方志记载：东汉建安二十年（215）七月至十一月间，置建宁县，以"建安宁边境"或取东汉建宁年号为县名。这一年，孙权与刘备隔湘江而治，有充分依据。

（5）建宁县县治，首设槠洲旱草坪（今株洲市区东湖公园一带）；后迁淦田（今渌口区淦田镇），又复迁原址；唐初迁至南湖塘资福寺附近（今芦淞区建宁街道办南湖塘）。

清光绪《湘潭县志》载：吴废帝太平二年（256），"分长沙西部都尉，立衡阳郡，治湘南，又置建宁县"，"淦田亦为建宁故城……"同年，吴国又析湘南县、湘乡县地置湘西县，县治据考设今株洲市渌口区（原株洲县）原堂市乡土城村。吴国为扼守空灵峡（即今株洲市渌口区空洲岛），防蜀国渡湘东进，只好将建宁县治从楮洲迁入淦田（今株洲县淦田镇淦田村）。晋泰始年间即吴宝鼎元年（266），建宁县治又复迁楮洲。

（6）为什么迁建宁县治于淦田后，刚满10年又复迁原治？

因吴元兴元年（264），吴景帝病死，四子皆幼弱。魏咸熙二年（265）十二月，魏元帝禅位，晋司马炎取曹魏立晋国。其时，东吴北有强晋压境，南有交趾叛乱，为防司马炎南侵，捍卫长沙郡及建宁县治，又从淦田迁楮洲原址。

《建宁县治略考》认为：唐初因经济发展，人口增多，贸易繁兴，建宁县治迁至今建宁街道办事处南湖塘原资福寺附近，仍称名楮洲。

7. 株洲行政区划晋代以后沿革简述

（1）晋一统中国，建宁县治仍驻楮洲。属荆州长沙郡。

南朝齐年间，建宁县属湘东郡。

隋开皇九年（589），撤建宁县入湘潭县。初属衡州，后属衡山郡。

唐武德四年（621），废湘潭县复置建宁县，属南云州，州治原攸水（攸）县治[1]。

唐贞观元年（627），建宁、茶陵、安乐、新兴、阴山五县并入攸县；撤南云州，属衡州衡山郡。

唐圣历元年（698），析攸县地域复置建宁、茶陵二县。分属潭州长沙郡、衡州衡山郡。

唐天宝八年（749），撤建宁县域入湘潭县。其中湘江之东小部分地域，

---

①〔宋〕欧阳修、宋祁撰：《新唐书》，中华书局，1999年，第704页。

划入醴陵县。此后，楮洲及今株洲县域大部分属湘潭县地，属潭州长沙郡。

清乾隆九年（1744），设株洲塘汛于此。清光绪三十四年（1908），置株洲抚民府，设同知管理，同知府衙驻今株洲市芦淞区樟树坪（今樟树坪小学内），属长沙府台，清末称为株洲厅。

民国立，株洲又划归湘潭县东一区管辖。民国二十三年（1933），湘潭县设株洲镇，属第二区。民国末期（1946），由镇改乡。

（2）新中国成立后，区划多变，终归株洲市。

1949 年 10 月，中华人民共和国成立，设株洲区，所辖株洲集镇面积 0.5 平方公里，人口约 7264 人。1950 年 6 月，株洲区设为区级镇，辖一至四街居委会、田心塅、董家塅、石子头 3 乡[①]。

1951 年 6 月，株洲镇升格为株洲市（县级），属长沙区专员公署。1953 年 4 月，株洲市改为省辖市。1956 年 4 月，株洲市升格为地级市。市政府驻南区（今芦淞区）新华西路。1965 年 4 月株洲市设辖株洲县。1966 年 1 月设辖市郊区。1969 年设辖东、南、北三区。1983 年株洲市转辖醴陵、攸县、茶陵、酃县（原属湘潭地区。1983 年湘潭地、市合并。以上诸县划属株洲市）。1997 年 5 月撤东、南、北、郊四区，改设为荷塘、芦淞、石峰、天元四区。

株洲市位于湖南省东部，湘江下游，东临江西省萍乡市和吉安市。古有"江南要冲""南北通衢"之称，现为株洲市经济、政治、文化、交通、商贸、社会聚集中心。2008 年 12 月全市总面积约 11262 平方公里，辖株洲县、醴陵市、攸县、茶陵县、炎陵县及荷塘、芦淞、石峰、天元和河西国家高新技术产业开发区。年末总人口 381.2 万，其中市区人口 79.5 万（户籍人口），常年流动人口约 20 万。多属汉族。炎陵县龙渣瑶族乡为株洲市唯一少数民族乡。[②]

综上所述，对株洲地名 7 个方面内容有了较全面深入的了解，我们才能

---

①湘潭县地方志编纂委员会：《湘潭县志·建置》，湖南出版社，1995 年，第 47 页。

②彭雪开编著：《株洲古今地名源流考释》，中南大学出版社，2013 年，第 10 页。

更全面更深刻地把握株洲地名内涵。株洲地名蕴含的历史文化，就会成为乡愁中的图腾，永远铭刻在我们心中，成为抹不去的记忆！

彭雪开

中国地名学会常务理事，民政部地名研究所科研基地首席专家、研究员，
湖南省地名区划学会副会长，湖南工业大学地名历史文化研究院院长、教授

第四期

湖湘文化与株洲文脉

当前提倡复兴中华民族优秀传统文化，国学热、地域文化热方兴未艾。作为株洲人，我们有必要对国学、湖湘文化及株洲文化脉络做一点了解，才能更好地讲好湖南故事，讲好株洲故事。

一、湖湘文化

（一）湖湘文化的定义及相关知识

一提起湖南人，我们就会想起会吃辣椒、霸得蛮，这是湖南人的性格。那么，什么是湖湘文化呢？其实并没有一个准确一致的定义，简言之，湖湘文化就是湖南的地域文化。

湖湘文化的历史源头，可以追溯包括春秋战国时期的楚国文化，甚至更远，比如炎帝文化等。

湖湘文化的概念名称来自湖湘学派，在宋朝的时候湖南第一次出现自己的学术流派——"湖湘学派"。

"湖湘学派"是宋代"理学"的一个分支，宋代"理学"又是中国古代文化思想史上一个极其重要的环节。因此，要了解湖湘文化，必须了解中国传统主流思想文化的发展与流变。孤立地去谈论"湖湘学派"，很难对湖湘文化有比较深刻的认识。

（二）国学的发展过程

国学这个概念是清末出现的，至今没有统一明确的界定。它的内容非常丰富，泛指传统的中华文化与学术，以先秦经典及诸子百家学说为根基，涵盖了历朝的经学、道学、文学等一套完整的文化、学术体系。

狭义上的国学，以儒家经典为主，是从"汉学"开始的，沿着汉学—宋明理学—清朝中期乾嘉学派即汉学回归的线索发展。

所谓汉学，就是汉朝的时候，汉武帝为了中央集权的需要，加强对老百姓思想的控制，开始把儒家思想作为治国的主体思想。汉朝学生学习的主要内容是儒家"五经"（《诗经》《尚书》《周易》《礼记》《春秋》）。为了帮助读书人学习，汉朝的儒家大师花费大量的功夫给儒家经典做注解，这就是所谓的"汉学"。

宋朝时期，中国产生了"理学"，理学著名的人物有：北宋时期的周敦颐、邵雍、张载、程颢、程颐，南宋的杨时、朱熹、陆九渊等，明朝的王阳明、王夫之等。

"理学"产生的原因是，宋代知识分子发现"汉学"的缺点，认为"汉学"过于拘泥字面解释，于是把佛、道两家的学问拿来，跳出儒家经典去解读儒家经典。

其实，宋代这些理学大家对"理学"内容的解释都不一样，朱熹的政治理学最后胜利，明清科举一直用朱熹对儒家的集解做标准教材。

到清代乾隆、嘉庆时期，很多知识分子突然发现，宋代理学对儒家经典的解读因走向了功利主义而变得牵强附会，开始寻求复古，重新去钻研"汉学"，通过音韵、训诂，从故纸堆中去寻求、还原儒家经典的本义。这就是所谓"乾嘉之学"。

（三）国学在湖南历史上的演变

在介绍国学的发展过程后，我们来看看国学在湖南的演变过程。

1. 先看"汉学"在湖南

汉学在全国很多发达地方，特别是中原一带，发展得很好，但在湖南并没有扎根。整个汉代400年，湖南没有出什么有影响的人物。

直到东汉末年，孙坚当长沙太守，通过战争，湖南中东部一带的少数民族迁到山区去了，大量的北方汉人南下，填补了空缺，此后汉族人开始在湖南历史舞台上唱主角。不过，到唐朝的时候，湖南还是一块蛮荒之地，是朝廷发配官员的地方，唐朝柳宗元笔下的湖南那是十分落后蒙昧的。

2. 关于"理学"在湖南的演变

宋代理学的开山鼻祖是湖南人周敦颐。

周敦颐是北宋道州人，也就是今天的永州道县人，写过《太极图说》，5000余字。周敦颐最大的贡献是什么？就是把道学与儒家经典打通了，帮助别人用道学那些东西去解释儒家经典。他提出了无极、太极、阴阳、五行、动静、主静、至诚、无欲、顺化等理学基本概念，为后世的理学家准备了发挥和讨论的空间。

但遗憾的是，周敦颐当时在湖南并没有提出或者形成学术流派。任何一种学说，要形成流派，必须集结一个团体，要有一群人，有一帮弟子，才能发扬光大，才有影响力。

3. 湖湘文化第一次形成群体的学术流派，是"湖湘学派"

"湖湘学派"创始人叫胡安国，他是福建武夷山人，在周敦颐死后的第二年出生的。胡安国后来在湖南当了类似今天教育厅长的官，再后来跑到湘潭办学，创办碧泉书院，培养了很多弟子。胡安国和他家的子侄及"朱张会讲"中的那个张栻，基本上形成了一个群体，具有相同或者相似的思想，就是经世致用、格物致知，他们继承并发展了周敦颐的理学。

湖湘学派在宋朝的时候也没有影响力。因为这个学派的大多数人生活在南宋初年，那时大汉奸秦桧把持朝政，湖湘学派与秦桧把持的朝廷格格不入，没有出现显赫的官员，当然就不可能有影响力，它只是在湖南小范围地有点影响而已。

4."乾嘉之学"在湖南

宋代直到清代,湖南儒家文化的主流是理学,乾隆、嘉庆时期,当北京、江浙一带开始回归汉学的时候,湖南仍然以理学为主,乾嘉之学没有像江浙一带那么有市场。

(四)怎样看待湖湘文化精神及它的时空意义

湖湘文化内容很多,表述也很多,但最有名的两句话是:经世致用、格物致知。

1. 什么叫经世致用

所谓的"经世"就是治理世事,"致用"就是尽其所用。经世致用合在一起就是求实、务实。

经世致用最早可以追溯到孔子的儒家思想,提倡参与社会,你学习的东西要为社会所用,不能逃避现实。

提倡经世致用,反对清谈务虚,今天也不过时。

宋代经世致用思想产生的大背景是:宋朝是中国古代经济最繁荣的时期,社会出现了奢侈奢靡之风,追求个人享乐,追求风花雪月,很多负责任的学者提出要务实,提倡修身养性,用今天的语言表述,就是要加强思想道德教育,去做点务实的事情。

现在我们经常说湖湘文化最核心的是经世致用,其实宋朝的时候,很多地域文化提倡经世致用,比如湖南的湖湘学派、浙江的永嘉学派等,永嘉在现在的浙江温州。因此,经世致用并不是湖湘文化的专利。

2. 对比湖南、浙江,经世致用的不同走向

我们走路,要找参照物,对文化的探讨也是一样的,寻找文化参照物,我们的认识就不会走入歧路。

湖南、浙江都提倡经世致用,但走的路径不一样,湖南人相对地说更讲究从政,浙江人善于经商。这种文化基因的遗传现在还有影响,江浙人比湖南人更会做生意。下面做详细阐释。

我们先看湖湘文化中的经世致用。近代百年乱世中,湖南异军突起,产

生了一大批军政人才，清末几十年，人们动辄说"曾左彭胡""湖南督抚遍天下"。株洲地区产生了两个总督：茶陵人谭延闿的父亲谭钟麟，当过陕甘、闽浙、两广总督；天元区群丰镇的袁树勋，当过两广总督。

晚清湖南人的影响有多大？传说湘潭大儒王闿运写过一副很有气势的对联：

吾道南来，原是濂溪一脉；

大江东去，无非湘水余波。

民国时期，湖南更是产生了伟人毛泽东等一大批杰出人物。可以说，没有湖南人，就没有中华民族的独立和崛起。

这些湖南群英让湖湘文化光耀灿烂起来。

不过，看任何这一种地域文化都要一分为二。比如，历史上湖南读书人容易陷入功利主义。举一个例子，晚清的时候，湖南书生纷纷当兵打仗，以军功成就功名。但那个时候，株洲的马家河罗氏家族产生了一个学问大家，叫罗汝怀。左宗棠、曾国藩对他评价都很高。

左宗棠对罗汝怀说的话挺有意思：湖南人读书屁股多坐不住，你有志于学问实在非常难得，千万莫放弃呀。左宗棠说的是大实话，湖南人会读书，会科举考试，没有错，但是湖南学问大家不多，因为他们坐不了冷板凳。

与湖南不一样的是，经世致用在浙江发展成为商道文化。永嘉学派的产生地温州，早在宋朝的时候，他们就把经世致用就用到了商道文化上，主张"经世致用，义利并举"，强调买卖自由，尊重富人，发展商业。

江浙文化对事物的追求更精细化，从企业的管理到自然环境都如此。为什么说上有天堂、下有苏杭，因为其园林非常美丽优雅，非常精致巧妙，很有诗意，而这与他们的文化精神传承是分不开的。

我举一个浙派文化对株洲影响的例子。株洲电力机车研究所，过去是一个小研究所，这种研究所在全国是很多的。但现在发展这么大，是有文化渊源的。20世纪五六十年代，全国各地的知识分子远赴湖南，来到当时的铁道部株洲所，他们中最多的是江浙一带的。这些江浙人带来了贫贱不能移的崇文精神和富有创造力的经商精神，与湖南人"吃得苦，霸得蛮，耐得烦"的文化融合在一起，经久传承，造就了中车株洲所不断前行的内生力。

3. 格物致知

我们经常提及的湖湘文化的格物致知，也不是湖湘文化独有的。

"格物致知"，这四个字出自《礼记·大学》。所谓"致知"，就是获得知识，很好理解。但"格物"这个词，解释起来就复杂了。孔子说的"格物"意思是：一个人说话有实际内容，行动合乎规矩。

但到了朱熹那里，"格物"的意思变了。朱熹认为，"格"就是推究，"格物"就是探究事物的本原。在朱熹看来，凡是不合乎皇权的都是异端的，只是事物的表象，不是事物的本原，应当抛弃。

4. "格物致知"在湖南的演变

一个概念，在不同时期、不同地域，其含义是不一样的。

"格物致知"在朱熹那里是心灵之学，是唯心主义的东西，到明末清初的时候，它在湖南又演变成了朴素唯物主义的东西。这要感谢一个人，他就是王夫之。

王夫之是明末清初的反清知识分子，他说"清风有意难留我，明月无心自照人"，发誓与清朝不共戴天，头不顶清朝天，脚不踏清朝地，凡是出门就打伞，脚上踏木屐，代表了他的一种气节。

王夫之所说的"格物"，指的是观察事物的各种现象；"致知"，指分析所由来，思考、了解事物内在规律。王夫之认为，"尽天地之间，无不是气，即无不是理也"，他把"理"当成了客观规律，"气"推动了"理"的变化。王夫之主张经世致用、格物致知，坚决反对程朱理学，人不能光修身养性，寻找心灵的安慰，而要更加务实，在社会上有一番作为。

5. 湖湘文化的时空意义

湖南人及湖湘文化在近代百年呈现出灿烂的光芒，但我们湖南人今天不能骄傲自满，要提倡文化自信，不能有文化迷信。

历史永远是向前的。今天，时间变了，空间也变了，科技时代、信息时代，地球空间变得越来越小。古希腊哲学家赫拉克利特说"人不能两次踏进同一条河流"，你永远回不到昨天了。

湖湘文化发光的是乱世时代，今天处在和平年代，"经世致用"如果走过头了，做人做事过于看重得失与结果，就会陷入功利主义。"敢为人先"也没错，但不要变成"老子天下第一"，过于表现自己，就不好与人合作，别人就会说你没有团队精神。

和平时代，讲究的是修身养性，是平和，是中庸，所以江浙一带受朱熹文化影响很深，正好迎合了这个时代。我们湖湘文化在保持自己优秀的传统同时，要努力吸收别人好的东西。中车株洲所把湖湘、江浙两种文化融合起来，就是很好的启示。

二、株洲文脉

山有山脉，水有水脉，文有文脉，文脉的概念并不玄妙，它是文化演进的走向，文化延续过程中的历史记忆。

就中国文化来说，既有主脉，也有大大小小的支脉。湖湘文化是中国文化的支脉，株洲文化是湖湘文化的一条支脉。

株洲文化经历了楚文化的兴衰、儒家文化及佛教文化的进入与演变、宋代理学与湖湘文化的兴起、明清江西耕读文化的进入带来的变化等几个阶段。宋代到清代的 900 多年，理学是株洲文化的主线，产生了 260 多名进士。下面将和大家一起探寻株洲文脉。

（一）株洲文化的历史源头——楚文化

1. 株洲早期历史与楚文化

湘东地区是湖南开发最早的地区之一，也是湖南文化比较发达的地区。

株洲文明最早可以追溯到炎帝甚至更远，但如果从有文字的历史算起，株洲的文化源头就是楚文化。在楚国统治之前，株洲居住的三苗人、扬越人，他们还没有文字。

在谈起株洲文化的源头之前，要介绍一下株洲的早期历史。在中原的夏商周时代，那时候的株洲是南蛮人的时代，南蛮人包括三苗人、越人、楚人三个阶段。中国南方的文化是随着北方人不断南下被儒家文化同化的。

楚国是先秦时期一个重要诸侯国，楚文化与我们熟知的中原、山东等地文化也有很大的不同，中原、山东文化主要是现实主义文化，而楚文化是一种浪漫主义文化。楚文化与越文化是有近亲关系的，与越文化的语言风格和模式有点类似。以楚文化、越文化中两首经典的爱情诗歌为例：屈原楚辞中用得最多感叹的词是"兮"，《楚辞·九歌·少司命》中说，"悲莫悲兮生别离，乐莫乐兮新相知"，越文化也用"兮"，如《越人歌》"山有木兮木有枝，心悦君兮君不知"。

2. 关于老莱子

有文字的历史以来，株洲第一个文化名人是老莱子。

老莱子也是湖南第一个历史文化名人，死后埋在今天株洲四三零厂一带，清朝重修的墓碑如今放在荷塘区仙庚庙。

老莱子的生活年代比屈原早大约200年。他与孔子、老子生活基本上同时，那时处于中国历史上的百家争鸣的时代。

老莱子是楚国人，老家在今天湖北的荆门。他是历史上有名的道家思想家。老莱子与老子的思想区别是：老子主张小国寡民，主张用道家思想改造世界，治理国家，因此老子是不反对做官的，他本人也做过周朝图书馆馆长之类的职务。而老莱子是反对做官的，主张安贫乐道，退隐山林。楚惠王曾经邀请他出来做官，老莱子在老婆的教育下，坚决逃跑了，这一跑就跑到我们株洲来了。老莱子还是"二十四孝"中的人物，戏彩娱亲，即为了逗父母高兴，穿着儿童衣服在地上打滚。

（二）东汉末到唐朝的700年，株洲文化出现了小高峰

老莱子生活的时代，株洲还是南蛮人的天下，汉人属于少数民族，汉族人登上湖南的历史舞台是在东汉末年。长沙太守孙坚是压倒楚文化的最后一根稻草，楚文化从主流舞台慢慢淡出，逐渐融入了以儒家文化为主体的中原文明，佛教文化也开始对株洲进行渗透。

孙权时期，株洲历史上第一次出现了城市——建宁城。215 年，孙权设立了建宁县，县城在今天株洲的合泰大街、东湖公园一带。

建宁城的历史，基本对应中国魏晋南北朝 400 年的乱世时期，我们来看看那时株洲的文化。

1. 精神信仰——玄学与佛教

盛世讲王道，乱世讲霸道，霸也是道，谁拳头硬谁势力就大。魏晋南北朝奉行的是霸道，朝代更替如走马灯。

那时的名士看不惯当时黑暗的政治，愤世嫉俗，喜欢讲怪话，想做官又怕风险。于是，社会出现了玄学。玄学最大的特点是崇尚清谈。如梁朝时期，有"山中宰相"之称的南朝道学家陶弘景，经常给梁武帝出点子，但拒绝出来做官。传说他曾一度到当时的建宁隐居过，今株洲古大桥还有宰相屋场。

此外，佛教从东汉传入中国之后，这个时期进入全盛阶段，和尚成了最火热的职业。唐代的诗人杜牧曾写诗感叹金陵附近的寺庙之多："南朝四百八十寺，多少楼台烟雨中"，据说全国有几万家寺庙。株洲空灵寺、资福寺、龙山寺等，普遍认为其最早建于梁武帝时期，迄今已有 1500 年的历史，是有一定道理的。

2. 儒家文化的兴起与楚文化的衰落

古代中原战争不断，大量的流民南迁，进入了南方人居住区。直到东汉时期，在中原人眼里，湖南还被认为是愚昧野蛮之地。当时的东汉朝廷派来的长沙太守，其重要工作就是教化，就是抓文化教育。

吴晋南朝时期的湖南，当时私学、公学并存互补，儒家经典被广泛阅读，出现了一批人才。不过，在民间，楚文化的影响不可忽视，甚至影响了一些统治者。刘表做荆州牧时，曾领衔编辑过一本名为《荆州星占》的书。这是一本天人感应的书籍，以阴阳五行、相生相克的思维逻辑去推断人事吉凶，观察自然现象。该书流传几百年，唐朝的李淳风对其极其推崇。《推背图》号称中华预言奇书，传说它是唐太宗时期两位著名的道士李淳风和袁天罡编写的。《推背图》受楚文化影响很深。

在民间，楚文化对当时的株洲影响尤其深刻。南朝齐时，顾宪之做衡阳内史（注：当时的衡阳郡治在今株洲堂市土城），发现株洲当地境内发瘟疫，老百姓得了病，就说祖坟有问题，挖开墓葬，将祖先的尸骨清洗干净再埋葬。顾宪之向百姓晓之以理，这种风俗才改正过来。

3.文化牛人江淹

魏晋南北朝时期，今天株洲地区有相当多的文化人在这里封侯做官，其中有一个人的名气很大，就是成语"江郎才尽"说的那个"江郎"，这个成语说"江郎"年轻时很有才气，到晚年文思渐渐衰退。"江郎"就是江淹。

江淹是南朝政治家、文学家，六岁能诗，十三岁丧父。虽家境贫穷，但很好学。梁朝时期封为醴陵侯。江淹特别善于打悲情牌，写"悲情"作品，如《恨赋》《别赋》等。

"江郎才尽"的原因是，乱世之中，江淹的官越做越大，说明其情商也很高。人一旦富贵了，便难有心思再去钻研写文章了，而且写文章还可能惹祸呢。

4.株洲第一个进士陈光问

东汉以后，经过长期的教化，株洲的教育与文化得到了一定的发展，虽然在中原、江浙一带人的眼里，湖南还被认为是一块文化沙漠，但到了唐朝时期，湖南人、株洲人也可以在科举上崭露头角。

901年，茶陵人陈光问参加科举考试，考取第四名，成为株洲历史上第一个进士。唐朝皇帝安排他做秘书省正字——官秩九品，相当于现在的编辑、校对，后来回到茶陵，继续教授私塾学生。

（三）宋代株洲文化出现了一个高峰

宋朝湖湘学派兴起，湖湘文化开始有了一定的知名度，株洲地区出现了吴猎、凌登龙等政治文化名人。

说到株洲的文脉，历史上大量的外地人比如杜甫、朱熹、文天祥等在株洲留下了数不清的诗歌文章，他们给株洲的文学增添了新鲜的血液，为株洲的文脉涂抹了亮丽的色彩。

不过，既然讲的是株洲文脉，我们就应该把重点放在株洲本土文化人，或者与株洲渊源比较深的那些人身上，或者至少其血液里流着株洲人的血脉，因为地域文脉是个具有地缘概念的词语。

说到株洲的本土文学，要先说一下湖南的本土文学。长沙是唐朝末年五代的时候才开始出现本土作家群。就株洲来说，南宋才开始出现文化高峰。

1. 株洲文化的高峰及吴猎对湖湘文化的贡献

宋朝时，株洲镇是湘潭的一部分，宋代湖湘学派代表人物胡安国、胡宏父子不仅在湘潭办了书院教学，而且还在当时的株洲镇开了一家以胡家的姓命名的很大的酒店——胡氏客栈，朱熹、胡铨来株洲的时候，就住在这家酒店。那时，大量的株洲学子跟着张栻、胡宏学习，醴陵人吴猎等是其中的佼佼者。

吴猎是张栻的学生，作为湖湘学派后期代表人物，可以算是位全才式的人物，在政治、经济、军事、理学各方面都有建树，为湖湘学派画上浓墨重彩的一笔。岳麓弟子吴猎、赵方等人在抗金战争中功勋卓著，被誉为"一时之英才"，他是"开禧北伐"的主要将领，显示了卓越的军事才能。

2. 钟震创办主一书院

钟震是湘潭人，朱熹的弟子，嘉定时国子博士。朱熹至岳麓讲学时，他"执贽门下，往复问难，教笺为多"。钟震创办主一书院，湖南的学者纷纷拜在他的门下。主一书院位于今天的朱亭龙潭湾。

清嘉庆年间，主一书院扩建成龙潭书院，规模宏伟，主要传承朱熹、张栻理学文化。龙潭书院当时是与碧泉书院、昭潭书院并列的湘潭三大书院之一，左宗棠曾经为龙潭书院题写书院名称，悬挂于进门正中。1902年，龙潭书院改名为湘潭县龙潭高等小学堂。

3. 南宋后期岳麓书院山长凌登龙

继醴陵人吴猎之后，株洲又产生了学问大家兼教育家凌登龙。

凌登龙是株洲仙庾岭的人，死后埋葬在仙庾岭，最近发现了他的墓地。根据史料记载，凌登龙是南宋嘉定年间进士，嘉定十二年（1219），被聘为岳麓书院山长，着力提倡湖湘学统，让朱熹、张栻学说回归岳麓书院传统，为当时社会的教育和文化发展作出了重要贡献。

（四）明清时期株洲文化出现另一个高峰——李东阳、罗典

说到株洲的文脉，那是绵延相连的，然而最高的山峰，则是明清时期，出现了李东阳和罗典两位泰斗级人物。

1. 李东阳与茶陵诗派

李东阳祖籍茶陵，号西涯，15 岁考中举人，17 岁中进士，官居明朝宰相，为茶陵诗派的核心人物。茶陵诗派被写进了中国文学史。

李东阳的文学成就很大，诗文典雅工丽，主张学古，反对模仿，反对"台阁体"的阿谀粉饰之风。他身边形成了一些诗风类似的人。明代徐泰在《诗谈》中称之为"西涯之派"，清代乾隆年间，被称为"茶陵一派"或"长沙一派"。

2. 罗典对湖湘文化的贡献

现在我们经常谈论湖湘文化，其实湖湘文化在历史上是没有什么影响的，罗典是第一个将湖湘文化推向高峰并具有全国影响力的人物。

罗典祖籍株洲天元区马家河，1751 年中进士，担任过四川学政、鸿胪寺少卿等职，一生著述颇丰，晚年回湖南担任岳麓书院山长 20 多年，培养了大量学生，清代湖南状元彭浚就是他的学生。罗典之后，湖南出现了一个人才井喷现象。

在湘潭，罗典是与齐白石齐名的人物，他被湖南人尊称为"湖南的孔子"，不仅教出了大量优秀的学生，还写出了大量的著作。

本文系讲座内容，多是粗线条的梳理，有些东西是个人的理解，非严格意义上的学术研究，或见笑于方家。关于株洲历史文化脉络、株洲城市的历史变迁史，在拙著《株洲文明史略》中都有介绍。

佘意明

资深媒体人，文化学者，作家，评论家，

中国文艺评论家协会会员

第五期

"赋"的文学形式与株洲赋、记

一、"赋"的文学形式

（一）"赋"的起源和发展

1. "赋"的起源

（1）源于《诗经》。《诗经》是中华民族一切文学体裁的源头，包括小说、诗歌、散文、戏曲等都源于《诗经》。《诗经》305篇，其中《国风》160篇，其内容主要是当时15个诸侯国中流传下来的风土歌谣。《雅》105篇，是西周王畿地区的正声雅乐。其中大雅31篇，写的是王畿地区诸侯朝会、议政之类；小雅74篇，主要用于贵族祭祀、祈年、宴饮等。颂40篇，主要是贵族宗庙祭祀的舞曲歌辞。《诗经》的题材非常广：描写爱情，赞赏耕作，歌颂狩猎、征战，鞭挞黑暗，议论朝政，祈祷丰年，甚至还有歌颂朝廷宫室落成的，等等。《诗经》的主要表现手法是赋、比、兴。赋，就是敷陈其事而直言之；比就是比喻；兴就是先言他物以引起所咏之词。《诗经》还有鲜明、自然的诗律节奏，以及重叠、复沓等多种修辞手法的灵活运用。

所以，《诗经》无论从内容还是表现手法上，都是中国一切文学的祖师。如《国风·野有死麕》"有女怀春，吉士诱之"这样的题材，现在哪一种文学形式都能用。赋源于《诗经》：首先，赋的体裁形于《诗经》。无论是骚体赋、俳体赋、律体赋还是文体赋，大都离不开四言句、五言句，而且往往开头都是四言句。这两种用语形式，特别是四言句又是《诗经》的最主要用语形式。其次，赋的表现手法源于《诗经》。赋既敷陈其事而言之，也经常比、兴合用。第三，赋在题材上无过于《诗经》。无论是言情、咏物、写景，还是述志、议政之类，都没有超出《诗经》的范畴。

（2）拓于《楚辞》。如果说，《诗经》是中原文化的源头，代表的是中华正统文化，那么，《楚辞》则是南方文化的源头，代表的是"乡土文化"。赋从《楚辞》中获取了大量营养，可以说赋是《楚辞》的拓展和补充。后人把"辞""赋"列为一体，不是没有道理的。

《楚辞》打破了《诗经》以四言为主的句式，代之以四、五、六、七、八言，甚至更长的用语形式。这种用语形式，更适合表现繁杂的社会生活和描写更复杂的情感。赋继承了《楚辞》的这一优势。

最早以"赋"命名的文学作品，是战国末期先秦诸子的集大成者荀况。他把自己的五篇韵文命名为"赋篇"，即《礼赋》《知赋》《云赋》《蚕赋》和《箴赋》。荀子的《赋》既有《诗经》的风格，也有《楚辞》的身影。

2.《赋》的发展

"赋"这种文学体裁，大致经历了三个发展阶段。

（1）兴于汉魏。继先秦荀况、宋玉等的赋作之后，到了汉朝，掀起了一个赋的创作高潮。两汉400年，是中华民族走向成熟的400年。它不仅奠定了国家大一统的基本疆域，而且奠定了民族融合的基础，也奠定了文字的最终统一。

中华文明启蒙于5000年前，而真正形成文明体系则是公元前6世纪前后，也就是春秋战国时期。这一时期，不仅奠定了中华文明的思想基础，而且在文化体系和结构上也趋于形成，经、史、子、集皆作于世。古人说："经以载道，史以记事，子以经世，集以咏物言情。"这是从四种文化形式的功能上讲的。如果把《诗经》放在"经"类，那么这一时期的"集"几乎没有，只是以单篇形式传于世。也就是说"载道""记事""经世"之作较多，而言情咏物之作较少。

到了汉代，由于经济发达、社会安定，思想上又在武帝时代把儒家奉为正统，不再"百家争鸣"了，也远离了战争的摧残。所以，这个以"闲情逸致"

为特征的时代，催生出了一个文学的高潮。不仅散文蓬勃发展，赋作为一种文学载体，吸取《诗经》《楚辞》的营养，在社会上形成了一种作赋的风气。汉魏六朝时期，赋作大家上自皇帝、王公大臣，下至寒门士子比比皆是。

（2）变于唐宋。

经过南北朝近200年的战乱分裂，赋和其他文学一样，几乎进入了休眠期。直至唐宋赋的创作又来了一个高潮，只是体裁上变来变去。

汉赋以骚体、俳体、文体为主，多为四、六句。对偶较为宽松，押韵也无韵书，甚至多用口语韵。到了六朝时期，用韵趋于严格。一直到初唐用韵还是可严可松。此时，隋切韵改为唐韵而成官韵，至唐玄宗开元年间，用韵才完全依官方的韵书了。用韵的严格，推动了律诗的出现。赋在这一时期开始"变种"。不仅骚赋、俳赋和文赋的声律要求严了，而且还产生了一种新的声律——律赋，一种要求更严的赋体。汉赋在题材和内容上很随意，到了唐中期，赋变成了以抒情思为主；到了宋代，又变成了以讲理义为主。唐宋曾一度把"律赋"作为科举考试的必考科目。

（3）轻于明清赋这种文学形式。

明、清时代，赋已经慢慢被官方和文人骚客们所轻视了。原因也许与唐、宋律赋要求严格、写作难度大有关。最主要的原因是明、清的科举取士，不再把律赋作为必考科目，而是文论不断向八股方向发展，且越来越固化。明、清士子们要么为求取功名而去钻研八股文，要么隐居书斋而去写小说了。这一时期，赋的写作要求也随着士子们的轻视而淡化了。

（二）赋的体裁

赋是骈体文。不管哪种体裁的赋，总的要求是有对偶，要押韵，只是体裁不同和时代要求不同而宽严不一。除中唐时期和律赋外，其他体裁的赋对声律的要求都不十分严格。关于对偶可以几言对，也可以十几言对，还可以隔段对，甚至一段文字根本不对。关于押韵，可以一韵到底，也可以中途变韵，还可以整段不押韵。赋的体裁大致分为四种。

1. 骚体赋

"骚"就是发牢骚，就是心感不平，抒发哀怨。骚体赋是《楚辞》的《离骚》《九歌》的变体，是汉赋中常见的一种，也是后世抒情赋的一种。如贾谊的《吊屈原赋》、司马相如的《长门赋》，在形式上都与《楚辞》接近，常用"兮"之类的叹词。

骚体赋既可称诗，亦可称赋。骚体赋相对于《诗经》和《楚辞》而言，有三大不同：一是句式上突破。既突破了《诗经》的四言为主式，又突破了《楚辞》的用词局限性。到了汉武帝时代，骚体赋还糅进了三言句式。二是章法上创新。骚体赋放纵思绪，无论陈述、悲吟、呼号，都有发起、展开，回环照应、脉络分明。不像《诗经》的呆板和《楚辞》的展不开。三是体制上扩展。《诗经》和《楚辞》以数行、十数行到数十行为主；骚体赋可以数百行，数千言，它便于对纷繁复杂的社会事物和情感纠结进行描述、议论。

2. 俳体赋

古代演滑稽戏的演员叫"俳优"。"俳"就是风趣、幽默。俳体赋是一种娱乐、逗戏性质的赋体。多为封建社会君臣之间、文人之间相互玩耍、开心之作，或是作者的自娱自乐。

俳体赋，既可言天地山川之大势，亦可言俳优小儿之乐态。俳体赋并非"郑、卫之淫声"，且多数出自名家之手。如宋玉的《神女赋》、邹阳的《酒赋》、枚乘的《柳赋》、简文帝与庾信等合写的《鸳鸯赋》等，都是上乘的俳体赋。

俳体赋的最大特点是，用语可以调侃，不受纲常束缚；写作手法上常用拟人比物和主客对答。如宋玉的《风赋》把楚襄王的"风"说成"雄风"，而把庶民百姓感受到的同一"风"说成是"雌风"，风也分"公""母"。

3. 律体赋

律体赋出现的时间较晚，大体在六朝产生声律学以后，盛行于中唐和北宋。唐朝中期近一百年间，曾把律赋作为科举考试的必考科目，而且是命题作赋。到了韩愈、柳宗元倡导古文运动以后的晚唐，取消了这一科目，律赋渐衰。至北宋又入科举。所以，唐、宋时期律赋较普通。

律赋对声律的要求最严格。一篇赋中，四、五、六、七言句可以同篇出现，但必须符合声律要求。对偶可以工对、宽对和邻对，还可以隔句对，但和律诗一样，不可犯合掌、雷同之类的忌讳。用韵可以一韵到底，也可以中途变韵，但要基本符合韵书要求。

律赋与律诗的区别在于：（1）律赋的字句可长短相间，如果以四言句为主，一定会兼用三言、五言或六言句；如果以六言句为主，一定会兼用其他句式。要不然就成了排律诗了。（2）律赋的平仄没有律诗严格。不一定每两句都平仄相对，它要根据所叙事物和语言环境来确定声调高低。

可见，"敷陈其事而直言之"这个赋的本色，在律赋中也保留了。如，王维的律赋《白鹦鹉赋》中，"经过珠网，出入金铺，单鸣无应，只影长孤"，就是散文式的语言，保留了"直言之"的本色。

4. 文体赋

文体赋历经的时间最长，贯穿于赋作的始终；涉及的题材最广，想写什么就写什么；创作的人员最多，上自帝王，下至百姓，只要稍懂一点儿赋的基本格律就可以写作。

文体赋的特点：（1）骈而不僵：骈，就是对偶，多用对偶语言，是赋的基本特征。文赋的对偶可以灵活多样，几字对、十几字对、几十字对均可，其唱和感有时近乎词。而有些文字为铺陈或抒情所需，也可以完全不对偶。（2）散而不乱：文赋又叫散赋，近似散文。因为它有一定的对偶句而叫"赋"，又因为它有相当的散文式的语言而称"文"。文赋对事物的描写、议论多跳跃，但形散而神不散。（3）韵趋口语：文赋除中唐时期对韵的要求稍严格一些外，其余时期都较宽。可以用官韵，也可以像六朝前一样口语化。有的文赋甚至几段文字不押韵。像杜牧的《阿房宫赋》。（4）词惟达意：文赋用词既不像骚赋须多用"兮""吁"之类叹词，也不像俳赋常用词诙谐、幽默，更不像律赋严谨规范。只要词达其意即可。（5）《赋》还有赋序。赋序又分内序和外序。"内序"就是赋的开头一段表白性文字。"外序"则是为赋专门写的一些文字。当然也可以无序。

（三）"赋"的特点和不足

1.特点

（1）求丽。追求辞藻、语言华丽，是古今辞赋作者的共同特点。司马相如把赋的"丽"概括得最准确。他说赋是"合纂组以成文，列锦绣而为质，一经一纬，一宫一商"。扬雄则把赋的作者追求"丽"区别开来。他说："诗人之赋丽以则；词人之赋丽以淫。"李白则把赋的"丽"概括为"辞欲壮丽，义归博远"，甚至"丽"到"光赞盛美，感天动神"。的确，古人很多赋用词漂亮。如陆机《文赋》："悲落叶于劲秋，喜柔条于芳春。""咏世德之骏烈，诵先人之清芬。"又如谢庄的《月赋》，描写深秋的傍晚，在月的清辉之下"菊散芳于山椒，雁流哀于江濑"等。

（2）求奇。历代"赋"的作家无论咏物、抒情，还是述志之赋，其用词、借典、比兴，多以"奇异"为佳。如南朝庾信的《枯树赋》，不仅选题猎奇，写一棵历经几百年的枯树；咏物也猎奇，写这棵树的种植、开花、结果，绕了500年，历经了六个王朝的大弯。他说"昔之三河徙植，九畹移根。开花建始之殿，落实睢阳之园"。用词也猎奇："临风亭而唳鹤，对月峡而吟猿。"又如李清照《打马赋》："说梅止渴，稍苏奔竞之心；画饼充饥，少谢腾骧之志。"

2.不足

（1）涩而难懂。在我国文学史上，赋是最涩而难懂的，尤以六朝声律出现至中唐这段时期更涩。当然，与司马相如带了坏头分不开。为什么会涩？因为，赋要求语言精辟，有对偶，要押韵，所以对字、辞的要求是有选择性的。常用的白话很难达到"丽""奇"的效果和境界。加上借典时，由于行文的需要，只能用两三字表述一个典故。另外，比喻必须精辟恰当。这些决定了赋涩而难懂，须加注释。如，司马相如的《子虚赋》，本来就是写"子虚乌有"之事，加上他罗列生字僻词，使你无法理解。"其石则赤玉玫瑰，琳瑉昆吾，瑊玏玄厉，碝石碔砆。"这四句话多难解释，其实就是"各种美玉，琳琅满目"。如，柳宗元《牛赋》："牟然而鸣，黄钟满脰。"

（2）华而不实。赋的本意是"敷陈其事而直言之"，可以当作史志来读。然而，由于很多赋作家极致铺陈，使它脱离了应有的朴实，甚至走向了夸诞。再看司马相如的《子虚赋》，不仅生字僻词多，更是虚构人物事件，夸失实，烦琐堆砌，虚词滥说。柳宗元《牛赋》"抵触隆曦，日耕百亩"。魏文帝曹丕更是把荔枝写成葡萄味，以致后人笑了他一千多年。当然，赋作为一种文学体裁，既然小说、戏剧可以虚构人物事件，对赋宽容一点儿也是可以的，毕竟它不是史、志。

二、株洲的赋、记特色

株洲爱好赋、记文学体裁的同志很多，我是其中的一员。这些年来，承蒙一些朋友的抬爱，在株洲应邀写了一些刻在石头和木板上的东西。其中有《赋》三篇、《志》一篇、《墓志铭》一篇、《序》三篇、《记》九篇。这十七篇东西都是命题行文，包括长沙的《晓园赋》也是应雅瑜之邀而作的。

我不敢对株洲其他同志的赋、记作品妄加评论，只能谈谈我写这些东西的一点领会。回顾写作的心路历程，大致把握了几个原则，或者说在文中体现了这几个特点：

（一）内容上基本体现了三条

1. 家国情怀

作为一名理论工作者，提笔写东西的时候，只要题材与家国有关，很容易融入这种情怀。如《茶陵进士长廊序》中："效忠家国，乃男儿本色；立言匡世，亦尔辈雄心。"《株洲邮政百年记》中："观邮之图新日臻，实家国之幸也！"《文昌塔记》中："愿吾乡子弟勤勉好学，为华夏中兴建奇功于世，上慰神灵，下齐家国也！"《槐庭赋》中，赞美秋瑾："义心侠胆忧家国，雌作英雄孰敢疑！""叹神明失君，国鼐谁唤醒？"长沙《晓园赋》中"世之为政者，皆以民安为其安，以民乐为其乐，则普天同乐，社稷永安！"这些都是家国情怀的表现。

2. 劝导社会

清朝进士袁枚有句话说得好："言必有补于世，不为无用之赘言；论必合符道，不为无定之荒论。"我总觉得写一篇东西，无论如何要有一两句对世人和社会有益的话。我的这些赋、记、序、志、铭中，多少也有一些劝导世人的语言。如：在《文昌塔记》中："观娘娘懿德高风，求功功于社稷，求名名在民间，虽红粉而具须眉铮骨，令人肃然也。"在《医魂赋》中："医，世之至善者也。亘古以往，民之繁衍生息，须臾不可缺者，医也。其求之者众，敬之者切，赖之者恒，孰可比欤？""余之崇医，犹崇天地亲师，介其救死扶伤，泽被众生也。"《福湘楼记》中：针对古人的"富贵、康宁、长寿、好德和善终"五福，我把它演绎成另外"五福"："与朋友交，清茶淡酒，即为口福；平心察物，淡观世态，亦是眼福；胸襟豁达，笑口常开，可谓心福；诚信可佳，亲和友爱，此乃情福；身无痼疾，动静自如，诚属体福。由此观之，知足常乐，福无不在也！"《醉名轩记》中："酒坛众生，甘也酒，苦也酒，乐也酒，愁也酒者皆有之。斯酒之功耶？酒之过耶？余以为饮酒诸君，当效太白、曹公，凭酒兴吟传世佳作，借酒力论天下英雄。""惟嗜不贪杯，醉不乱性，方为酒圣。"《蔷薇园记》中："然则悲乐之间，设使乐当乐人之乐，不以己乐而伤人乐；悲当悲人之悲，不以己悲而惹人悲，则世间乐者亦众，而悲者亦鲜矣。""若不为情累，不为利愁，又有何悲？"这些都有劝世之意。

3. 勉励学子

作为读书人总希望下一代多读书、做实事，所以不免在自己的赋、记中留下一些勉励学子的痕迹。

如《茶陵进士长廊序》中："观古贤达成才立命之迹，惟其勤学笃行，矢志于天下也。""余祈后辈效先贤且能逾之者，从矣。懂勉之！"市委党校《文轩阁记》中写到"金陵商女，焉知隋兵在后；魏晋清流，岂料国祚伤基"。之后，告诫学员"虚为毁业之祸，奢乃败亡之根"。接着勉励他们"登斯阁也，应有九州之志，学富五车，奸佞贪庸，相行见绌"。《洣江书院重修记》中"勤为立身之本，学乃显达之源"和最后一句"今洣江书院重建于斯，愿其劝学励士、明德新民之功永存"，这些都是激励学子之言。

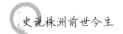

（二）在行文风格上也体现了三条

1.大气

一个作者对社会事物的观察分析，应当站在事物之外的特定位置去看它，这样才能看清它的全貌，把握它的实质，才会有底气对它作出判断。可见，文章的大气源于视野和底气。前面我已经列举了一些句式，估计大家已有所了解。其实指天道地之词还很多。如《文轩阁记》中"国家兴衰，官耶？民耶？天耶？""阁与天齐，谁与永寿？！""昔诸葛村夫，闲居隆中，犹怀汉室江山，尔辈学子，身处冲要，更需奋发图强，同扶社稷中兴！"《建宁大桥记》中："织女幽思今犹在，但恨银河挂九重！"《槐庭赋》中："帝制千年今作古，焚香九炷慰英灵！"《茶陵进士长廊序》中"感衰乃万物之常理，岂独科举耶？""凡成大器者，当志厚高远，励精于学也。"

2.利落

株洲的十七篇赋、记、序、志、铭，最长的是《株洲赋》和《株洲邮政百年记》，1000字以上。一般都在三五百字之间。刻在石头上的东西几乎没有拖泥带水的空间。比如《医魂赋》400字左右，中医的发展史和基本特征、西医的特点及功效以及二者的结合都要概括，而且还有对医生的感慨，文字不利落是做不到的。

3.风趣

这类作品有时用语可以幽默一点儿，做到戏而不淫即可。如《蔷薇园记》中："惟青藤廊下，朱陈二小，身心投入，演西厢旧戏而忘台前观众者，两情相悦也。"有时，还可用一些游戏性的文字。比如我在写《株洲铁路科技职业技术学院展览馆总序》时，就用了游戏性写法。全篇四段文字，第一段写发展史，第四段展望未来，中间两段文字写"师"和"生"。这两段文字每段80个字，是一副对仗的对联。如果每段删去20个字，可用于60年院庆的主对联；删去10个，可用于70年院庆，不删可用于80年院庆。

何辉宇

株洲市委党校原副校长，市委宣传部原副部长，

市委讲师团主任，教授，湖南省哲学社会科学成果评审委员会委员

第六期

株洲歌剧现象

株洲市戏剧传承中心创排的大型民族歌剧《英·雄》作为第十二届中国艺术节参演剧目，在上海保利剧院震撼上演。上演后，获得观众满堂喝彩，并代表湖南角逐"第十六届文华大奖"。你知道吗，其实早在30多年前，也就是20世纪80年代，株洲就享有"歌剧之乡"的美誉。

株洲是一个流淌旋律、跳动音符的城市，这里曾诞生了歌剧《小巷歌声》《从前有座山》《沥沥太阳雨》《英雄》，组歌《骄阳曲》《工人组歌》《好人好报》及歌曲《礼貌歌》《我是一个红锻工》《辣椒歌》《向着太阳走》《梦回故乡》，乐曲《山乡邮递员》等许多优秀作品。

早在20世纪70年代，株洲的群众歌咏活动就享誉全国。1973年，株洲工人群众歌咏大会，歌台搭遍全城每条街道、广场、剧院。1974年至1977年，湖南省文化厅先后两次在株洲市召开全省群众歌咏活动现场会。1980年，全国第一家歌词社团——潇湘词社在株洲成立，全国第一张歌词报《潇湘词报》在株洲创办。1981年，全国首届歌词座谈会在株洲召开。1990年，全国首届歌剧观摩调演在株洲举行。由此，株洲被称为"音乐之城""歌剧之乡"。

走进艺术的园地，我们会发现，无论是一幅画、一支歌、一出戏、一部电影或者一个舞蹈，除了使我们得到艺术享受之外，还能使我们体察到某个时代、某个地区的生活状况。优秀的艺术作品常常被誉为生活的镜子，它能够真实而深刻地反映社会生活，帮助人们认识社会生活。歌剧就是一出戏，它是一种综合音乐、诗歌、舞蹈等艺术而以歌唱为主的戏剧形式。歌剧的制作复杂、成本巨大，但它的表现力也最丰富。歌剧以它的艺术魅力引领整个社会的审美趣味往更高的层次提升，被称为"音乐艺术皇冠上的明珠"。

近代西洋歌剧产生于 16 世纪末的意大利，后渐流行于欧洲各地。由于地区和时代等不同而有正歌剧、喜歌剧、大歌剧、轻歌剧、乐剧等类型。通常由咏叹调、宣叙调或说白、重唱、合唱、序曲、间奏曲、舞曲等组成。歌剧的演出，汇集了各个领域里的顶尖元素——令人敬畏的美声、管弦乐现场的伴奏、芭蕾舞蹈、绚丽的服装与令人咂舌的布景及灯光、特效等，它们可以把观众带入辉煌的境界。

歌剧《白毛女》剧照

中国宋元以来形成的各种戏曲以歌舞、宾白并重，亦属歌剧性质。"五四"以来，特别是延安文艺座谈会以后，在民族、民间音乐（包括秧歌、戏曲）的基础上，借鉴西洋歌剧，逐渐形成和创造了具有革命内容和民族特色的中国歌剧。

1945 年问世的《白毛女》即为中国歌剧成形的标志。《白毛女》（五幕歌剧）创作于1945 年 1 月至 4 月，马可、张鲁、翟维、焕之、向隅、陈紫、刘炽作曲，延安鲁艺文学院集体创作，贺敬之、丁毅执笔。1945 年 4 月首演于延安，曾获 1951 年度斯大林文学奖金二等奖。《白毛女》是我国歌剧史上一座里程碑式的作品，它标志着中国歌剧终于找到了自己独特的发展道路，形成了自身鲜明的美学品格。后来又有了大家熟悉的《洪湖赤卫队》《江姐》《小二黑结婚》《王贵与李香香》《刘胡兰》《红霞》等。

一、歌剧在株洲

株洲原属湘潭县管辖，是一个只有 7000 人的小镇。当年有湘剧、花鼓两个戏班子活跃在此。原株洲镇鲁班殿有一个破旧的戏台，供流动剧团演出。两个戏班子被政府编定为株洲市湘剧团、株洲市花鼓戏剧团，派一名政治指导员驻团。

新中国第一个五年计划始于 1953 年，国家有多个重点项目落户株洲，为此，来自全国各地众多的科技工程人员纷纷进入株洲，到 1958 年，株洲已发展成为有 20 万人口的城市，被称为"火车拉来的城市"。

当年，省建五公司各工地上活跃着一批年轻人，他们能歌善舞，后来组建成一支文艺宣传队，队员 50 人。宣传队排练演出了许多宣传党的政策、反映国家建设、工人劳动生产的小节目，受到广大职工、群众的欢迎，他们的表现与作用引起了市委、市政府领导的重视。

这支 50 人的文艺队伍是中央建筑工程部歌舞团随部机关干部下放劳动锻炼来到株洲的，活动结束后，有 10 人仍将回到建筑部文工团，另外 40 余人则由浙江省文化厅接收。

得此消息，株洲市委领导反应很快，认为这是一次为株洲市求得文艺人才难得的机遇，于是即刻派市委宣传部长、文化科长和五公司工会主席 3 人与建工部人事厅长联系，提出将文艺人才留在株洲的请求。由于建工部作出的决定难以更改，留人之事就变成了一个复杂的过程，好事多磨，此事最终得到了当时国家经济计划委员会主任的支持，结果是 21 名建工部文工团文艺人才留在了株洲。留下的 21 名同志都有较高的文艺造诣，其中有全国知名的小提琴教材翻译者，全国知名的大提琴、小提琴、双簧管演奏者等，还有一个共同点，他们都有一口标准的普通话。

接下来的工作就是招兵买马扩大队伍。通过市教育局到市属各中学招收学生，到各大厂矿协商抽调业余文艺积极分子建制组团。市财政拨款基建费 2.5 万元，建团费 5 万元，定编 65 人，定名为株洲市文艺工作团，指导思想是：密切配合中心，突出为政治服务、为中心服务、为工农兵服务，成立时间为 1959 年 4 月 5 日。旗帜竖起来了，许许多多的优秀人才汇集到旗下，他们酷爱文艺，为了一个共同的目标走到了一起。

就是这样一个团，这样一群人，开始了为文艺工作艰辛而漫长的创业征程。他们坚定信念，团结一心，克服困难，努力工作。他们住地下室，在草地上排练，在湘江河里洗澡，自建排练场，在湘江河里捞木头做桌椅板凳，自制道具、服装，演出物资的运送是板车拖、肩膀扛，自己种菜、喂猪，到河西农村挑稻草用来御寒。总之，条件再差也难不住这群人，他们在很短的时间内排出一台歌舞节目与观众见面，让株洲人见到了有别于戏曲表演形式和内容的节目、剧种，让株洲人从此有了自己新型的文艺团体。

这样一支队伍如何生存与发展，加强业务建设是一个非常重要的方面，为此，剧团坚持正规的专业基本功训练，不断提高演员的业务能力，通过演出实践培养青年演员，选拔优秀青年演（奏）员送到兄弟剧团、艺术院校学习深造。请专家学者来团进行专业教学。先后请来了中央民族歌舞团贾作光、胡松华，上海乐团团长司徒汉，中央歌舞剧院郑兴丽、娄乾贵，中国歌剧院李光羲，湖北艺术学院教授万昌文，总政歌舞团张越男，等等。通过观摩兄弟剧团的演出和举办联谊活动等，他们互相交流学习，并深入生活，到各大厂矿、部队、农村、学校参观访问，从社会实践中获得艺术素材。完善考核机制，每年对全体演职员进行业务考核，通过这样一些举措，收到了很好的效果。

1960年10月，株洲市文工团改名为株洲市歌舞剧团，特别加了一个"剧"字，确定了"以现代题材的歌剧为主，歌、舞、剧相结合"的建团方针，树立加强民族化、突出地方特色的指导思想。为此，业务训练增加了向地方戏学习、向湖南民间歌舞学习的内容。声乐演员要进行形体训练，做到唱、念、做、打，手、眼、身、法、步融为一体。

宣传部、文化局的领导非常重视剧团的发展方向和道路。有一位局长是国立上海剧专毕业的，对西洋歌剧和中国戏曲、中国歌剧起源发展颇有研究。他经常到剧团讲课，提出了许多新的观点和看法，特别强调中国歌剧在借鉴西洋歌剧的同时要向中国戏曲学习，要走出自己新的歌剧发展路子。

定向的明确给歌剧改编、创作催生了巨大的能量，团领导发动群众搞创作，大家动手编节目、写剧本，通过创作实践发现人才，形成自己的创作队伍，这是一个大胆探索、锐意创新、勇于开拓的过程，通过不懈的努力，取得了丰硕的成果。

歌剧《刘师傅组曲》（《刘师傅组曲》由独幕歌剧《娃》《红花硕果》

《锁不住的心》三个剧本组合而成）演出成功，改编话剧《红缨歌》为歌剧，这是歌剧民族化、地方化的大胆探索。歌剧《焦裕禄》创作成功是剧团创作队伍走向成熟的体现。歌剧《送货路上》在全省调演衡阳片演中是一炮打响，见证了创作队伍的不断成功！

从建团第一部创作剧目《株洲畅想曲》和《两个党员》的改编到90年代《小巷歌声》《从前有座山》的演出，株歌人共创作、改编大小歌剧百余部，其中有《苦菜花》《口袋阵》《木匠迎亲》《杨立贝》《摸花轿》《夺印》《千万不要忘记》《槐树庄》《血泪仇》《同志你走错了路》《义和团》《春雪》《三月三》《刘四姐》《刘三姐》《江姐》《红珊瑚》《洪湖赤卫队》《磐石湾》《小二黑结婚》《泪血樱花》《不准出生的人》《山道弯弯》《霜天红叶》《为了你的幸福》《无惊有险》《爱之歌》《又见梅花开》《邻居》《红松店》《海霞》《阿佤山歌》《芳草心》《香港大亨》《救救他》《逃犯》《沥沥太阳雨》等。

每一个剧目的产生都要调动和发挥各生产要素的积极性、创造性，从编剧、作曲、导演、指挥、演员、乐队、舞美、灯光、服装、音响、效果到后勤等，要环环相扣，层层相叠，不能发生任何纰漏，这样才能保证一个剧目顺利运行。每一个剧目的产生都经过了反反复复、精益求精的磨砺，渗透了团员的汗水，凝聚了团员的心血，是集体灵感、智慧的结晶。株歌人将劳动成果奉献于社会，得到了观众的赞誉。

就是这样一群人，文艺事业是他的精神支柱，无论逆境、顺境，他们始终保持一种积极向上的热情，始终保持着一种集体主义和团队作风，始终保持着强烈的事业感和荣誉感。爱团如家、事业至上，友爱第一激励着每一个人的思想，规范着每一个人的行为，影响着一代又一代的株歌人。

就是这样一群人，歌剧艺术是他的奋斗目标。剧团始终将歌剧创作放在各项工作的首位，始终追求歌剧形式与内容的完美，始终坚持歌剧走歌、舞、剧相结合的道路，几十年来，歌剧的质量、数量到演出场次充分展示了株歌人事业的辉煌，成为三湘大地一支生机勃勃的歌剧队伍，影响远及大江南北。

一段时期，全国歌剧成沙漠状态，唯湖南称为"歌剧的绿洲"，而株洲则是绿洲上的一朵小花。

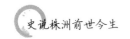

二、几部经典歌剧的回顾

（一）歌剧《江姐》

大型民族歌剧《江姐》于 1964 年由中国人民解放军空军政治部文工团首演，编剧阎肃，作曲羊鸣、姜春阳、金砂，株歌江姐饰演：邹慎行、盛国蓄。川剧风格，革命历史题材。

株洲歌舞剧团反应很快，马上派 6 人进京学习，并且通过各种关系拿到资料，并于 1964 年赶排出了歌剧《江姐》，在红星剧院首演。接下来 5 个月演了 120 场，剧团马上火爆起来了。这个戏编剧非常好，而株洲的演员更是太棒了，他们精心设计、刻画人物形象，每句台词、每个步位、每个对手戏真听、真看、真交流。江姐、沈养斋、乡丁等的扮演者个个入戏。剧团导演王泽生、执行导演杨为湘高标准，严要求，充分调动演员的积极性，丰富角色，整个戏非常受群众欢迎。湖南省很多专业剧团都来株洲观摩学习。

1965 年，开始外地巡演，这是一支只有 56 人的队伍，男演员 19 人，女演员 14 人，乐队 17 人，舞美 3 人，领导 2 人，炊事员 1 人。从长沙经岳阳到武汉，沿长江下九江登庐山，再乘船东去安庆，跨四省 8 个点，77 天 68 场，8 万多观众，演到哪火到哪，名声大震！接着又南下广州文化公园，又转战佛山，历时两个月，演出 60 多场，所到之处，备受欢迎！经常是买不到票，采取每人限购两张的方法，演完之后，多次谢幕，观众仍不愿离去，同行们更是赞赏有加。

一个小剧团凭什么敢闯大城市演出？靠的是实力、水平，靠的是团结、拼搏，靠的是纪律、士气，还有就是领导的重视、鼓励。宣传部的领导作动员时讲到"四满意"，即各地观众满意，各地党政领导及文艺团体满意，自己满意，株洲市委、市政府满意，结果都做到了。

这是一次难忘的演出征程，难忘的 1965。株歌人带着自己的排练成果，为宣传革命先烈的英雄事迹，为传播无产阶级革命精神，意气风发、斗志昂扬、携手共进、阔步向前，途经湘、鄂、赣、皖、粤五省，历时 5 个多月，演出

130 多场，观众 15 万人次。他们长途跋涉、不畏艰辛、不辞辛苦；他们豪情满怀、即兴咏诗、引吭高歌；他们播撒汗水、收获欢乐；他们是一支思想革命化、行动军事化、演出正规化的文艺队伍。

队伍所到之处，与当地文化部门领导、剧团的同行、剧场的工作人员、广大观众结下了深厚的友谊。他们互相学习、交流技艺、友情联欢、郊游合影，这一切都成为美好回忆。

歌剧《江姐》于 1977 年复排过一次，导演杨为湘，通过排练、演出，又培养了一批年轻人。1989 年，株洲市委、市政府提出复排《江姐》。株歌接到任务后立刻行动，安排导演杨为湘，指挥朱柳坤。全团上下齐努力，很短时间内将剧目排练成形在市内公演，然后到各大厂矿巡演，继而到醴陵、萍乡、宜春，又转战到常德地区几个点，再到邵阳地区几个点，然后到浙江温州苍南地区十几个点，共计演出 400 多场，真可谓走遍祖国山山水水，传播老一辈无产阶级革命情，这是继株歌老前辈 1965 年后的第二次演出征程。

在外演出非常辛苦，一趟就是一个多月，经常转点演出，有时候大家在车上互相依偎，瞌睡一个晚上，大清早到演出点就要卸车、装台、备演。这一期间，为了锻炼年轻人上角色，搞好新老交替，产生了第 5 代江姐，其他角色都有 A、B、C 组。演员出现病号，舞美队人员顶上，今天演游击队员，明天可能是匪兵。外出是辛苦的，但充满着乐趣，更是光荣和骄傲的，这就是文艺工作者的责任和使命。

歌剧《江姐》不愧是民族歌剧的经典，2014 年，株洲市戏剧传承中心又一次将其搬上舞台与广大观众见面，仍然是好评如潮。这说明舞台艺术仍然是所有艺术形式中最能充分体现艺术与观众内心情感对应关系的艺术方式，看演出也仍旧是广大观众最重要的一种艺术欣赏方式。

（二）歌剧《特别代号》

1978 年，株歌将兰州部队话剧本《特别代号》加唱改编成歌剧，这也是株歌人执着追求歌剧的一个成功典范。改编：刘国祥、袁岱、朱存汉；导演：杨为湘；指挥：徐风。

这个剧讲述的是1948年解放战争时期，我军在全国各大战场都取得了伟大胜利，盘踞在西北的国民党反动派纠集马步芳、马鸿逵等反动武装，策划"二马联合"，妄图与我军决战于兰州，阻挡我军西进，我军派侦察小组便装潜入到敌人内部，与其斗智斗勇的故事。

这个剧的改编充分体现了这一群歌剧追梦人的聪明才智。当时成立3人小组负责改编剧本、重写唱段，再组织人员进行编曲、配器完成全剧音乐。舞美设计也新颖别致，演员造型更显角色魅力。此剧在市内公演连场爆满，他们又鼓起勇气，南下再闯广州，首场在红星剧场演出，后又转点文化公园，演员们精湛的技艺和多彩的舞台效果征服了观众，散场后人们久久不愿离去，许多人跑到台上来看个究竟，看什么呢？台上有一辆与真车同比例的道具吉普车，观众赞叹太像了，做得太完美了。

舞美队的人形象各异，各具特色，人称"什景菜盘"，他们个个身怀绝技，充满着想象力和创造力。他们挤在一间小房间，每天写写画画、敲敲打打，工作没日没夜，完全没有时间概念，他们总能搞出让人称奇的事情来。他们的设计的开场字幕"特别代号"四个大字，用的是草书字体，然后刻穿木板再用绳子填满，开场时急拉绳索，灯光穿射过来立马形成疾书的"特别代号"四个字，非常震撼！随着音乐的跌宕起伏，一下子把观众带入激烈的战斗情景中。设计的两辆摩托车追吉普车由远而近扣人心弦的场景和司令部的密码柜的制作更是独具匠心。

（三）歌剧《小巷歌声》

该剧是株歌原创剧目，八场轻歌剧。1985年上演，讲的是城市街巷中的一群男女青年为追求高层次的精神生活，自发地组织"小巷乐团"的故事。编剧：杨梁斌；作曲：李执中；导演：杨为湘；指挥：潘正宁。

80年代，轻音乐会兴起，强烈明快的节奏吸引了许多年轻人。这种情况引发了株歌人的创作思考，能否搞一部类似轻音乐的歌剧，既表现出音乐丰富多彩的特点，又能呈现出完整的故事情节，既独立又协调，个体与整体完美结合，符合当年青年开放的心理与审美需求？《小巷歌声》剧本的出现，使这种想法成为现实。该剧在音乐创作上做到多样性并存和多风格汇聚，以轻快活泼、载歌载舞的"音乐剧"形式体现。许多歌曲如《二十岁进行曲》《蝴蝶之歌》《臭豆腐干子之歌》《结巴子之歌》《不要用老眼光看待我们》等，也可以成为音乐会的独立曲目，而主题歌《无名小花》更容易引起观众的共鸣。

该剧的舞美也极具时代特征，突出了清新、亮丽、明快、欣欣向荣的景象，用一种创造的意象手法表现意蕴与内涵，造型上简化、概括，色彩上单纯、明净，以线条式形成节奏、韵律，以鲜花感光形成色彩变换。

此剧首演后，立刻以"题材新、基调好、手法巧"引起有关领导和专家的重视。1986 年参加湖南省歌、话剧调演，又以"健康、新颖、向上"的艺术特色受到省内外专家、学者、领导及同行的好评。接着参加全国歌剧交流演出，再以"亲切、自然、活泼、清新"和歌、舞、剧三位一体的民族轻歌剧的形式吸引了全国歌剧界专家与同行的关注，中宣部副部长贺敬之说："这是个与年青人对话的好戏，我们老同志看了都觉得自己年经了。"

这出戏的演出者是一群活泼的年轻人，与剧中角色年龄相仿，似乎是自己演自己，在台上放松、自然、阳光、潇洒，整个演出朝气蓬勃、热情奔放，观众身临其境、倍感亲切。

该剧 1987 年演出 100 多场，在当时全国歌剧不景气的时期一枝独秀，真可谓歌剧绿洲上的一朵小花。获多种奖励：省汇演获奖、全国汇演获优秀演出奖、获省文化厅"演出百场奖"、获中国歌研会创作奖、文化部授予"晋京演出奖"，7 人获单项奖。

1988 年 9 月，应文化部和中国歌研会邀请，《小巷歌声》在北京民族文化宫演出。此次有国内外 40 多个文艺团体演出。观看首场演出的有文化部、中国歌剧研究会领导等大批首都歌剧界专家、名流，看完后给予高度评价，《人民日报》、中央电视台、《北京日报》作报道。

9 月 13 日，进中南海为中央领导作汇报演出，观看演出的有耿飚、张平化等老同志、文化部长王蒙、中国文联党组书记吴祖强、越南老一辈革命家黄文欢、著名书法家李铎、首都艺术界专家乔羽、方杰、丁毅、田川等，还有株洲市委、市政府的领导。演出中掌声不断，欢畅的笑声始终伴随台上的

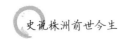

歌声。演出结束后，领导们上台接见了演员，并高度评价演出精彩。耿飚、张平化作了热情鼓励的讲话。王蒙同志说："歌剧挺难搞，你们在不断发展、创新，特别在剧团改革中有一套新方法值得学习和提倡。"黄文欢说："你们的戏内容新颖，表演水平高"，他热情为剧团题字"小巷歌声震神州"。为表彰演出成功，文化部颁发了锦旗和6000元资金，还召开了座谈会，专家们评论该剧是一部"题材新颖、形式活泼、内容健康、手法新鲜、观念清新、雅俗共赏的好戏"。《戏剧电影报》《中国文化报》《戏剧评论》发表了文章，中央人民广播电台播放了该剧的全剧录音。

（四）歌剧《从前有座山》

株歌于1989年排练、演出歌剧《从前有座山》，该剧以本土人员为主，借助外来专家共同合作、创作完成。这是一个爱情题材，讲的是从前苦楝山里两对男女青年海誓山盟、苦苦相恋的故事。编剧：张灵枝；作曲：刘振球；导演：陶先露；副导演：吴万华；指挥：刘振球、潘正宁；舞美设计：周本义；灯光设计：金长烈、肖丽河；服装设计：吕萍；编舞：徐素。

该剧创作艰辛、历时两年、五易其稿，边演出边修改，充分体现了株歌人对精品质、高品位的追求和艺术责任感。

1989年10月，参加"湖南省庆祝建国40周年暨湖南和平解放40周年新剧目调演"，获得成功，省委副书记刘正同志看完后评价："这个戏不错，音乐很好，表演也好，每个演员唱得很好，没想到株洲市歌舞剧团实力这么强。"

该剧参加湖南省第二届"洞庭之秋"汇演获优秀剧目奖，另获11项奖。

1990年11月，中华人民共和国文化部举办全国歌剧观摩演出在株洲进行，这是一次歌剧的盛会，来自中央、上海等全国各地的15部歌剧汇集株洲，群芳争艳。

参加演出的都是具有很高实力的剧团，演出的剧目也是相当出色，有让现代人重新解读"后羿射日""嫦娥奔月"的《归去来》，有描写当代军人心灵的《木棉花开》，有展示个体户在名利场中谈论而新生的《请与我同行》，有历史题材的《马桑树》，有表现侨乡妇女苦难与奉献的《蕃客婶》，有描述朝鲜族人民生活的《阿里郎》，等等，演出深受广大观众欢迎，让株洲人民大饱眼福。

人们常说"好戏在后头"，确实如此，株洲歌舞剧团歌剧《从前有座山》的演出更是产生了强烈的轰动效应。展现在观众眼前的是旋转、离合的高低平台，深邃空灵的山境，如梦如画的灯光，古朴、素雅的服饰，动人心弦的演唱，优美多姿的舞蹈，震撼心灵的鼓乐，这是一种极大的审美满足，把观众带到了春天一片紫、夏天一片绿、秋天一片黄的苦楝山——从前那座山。有位同行观后为该剧的深邃和厚重激动不已、彻夜不眠，继而写道"我佩服，我感激《从前有座山》的全体同行，我感谢株洲文艺界的领导"。天津《今晚报》记者在观摩演出手记中写道："如果像摆积木一样把参演的15部戏叠成一座塔，我愿意将株洲歌舞剧团的《从前有座山》摆在那高高的塔尖。"文化部代部长贺敬之称赞说："株洲不愧是歌剧之乡，跟办运动会一样，东道主的实力是比较雄厚的。"

《从前有座山》的演出成功得到了所有参演单位和同行的赞赏，中央电视台、《人民日报》《光明日报》等20多家新闻单位和报刊发文给予高度评价。同时获得了许多荣誉，优秀剧目奖、优秀作曲奖、优秀舞美奖、优秀灯光奖、优秀导演奖。

1991年，歌剧《从前有座山》获第一届"文华奖"、新剧目奖，奖牌被株洲馆收藏。另获导演奖、音乐奖、演员奖（2人）。

1992年2月，该剧被文化部提名参加在昆明举办的第三届中国艺术节，也是中、外参演的20多台剧目中唯一的一台歌剧。《从前有座山》是中国歌剧经典，也是歌剧民族化最好的见证。

精品是打磨出来的，《从前有座山》就是一个典范。《从前有座山》的舞美在演出中不断修改、完善，最后定稿为高低旋转平台，这也是该剧的特色。平台的位置变换给舞台调度增加了丰富的空间，随着剧情的发展和音乐的律动起伏而旋转离合，必须准确到位。排练时都是由人力推动的，一旦正式演出怎么办？那是绝对不能让观众看到的，由于最初没有完整的设计方案，人们只能边排练、边琢磨，也曾想出了几个点子，比如用绳索套钩扯动平台、用人工穿全黑的衣服在台上推，等等，都失败了。这时候，有一个舞美队的同志灵机一动，钻到平台里面用小手电笔照着推动平台，同时在舞台地板上做好定位标记，这招儿很灵，问题终于解决了。由于低平台端处角度很小，人在里面只能弯着腰操作，待到演出结束时腰都直不起来了，着实太辛苦、太累了！由此，《从前有座山》产生了4名"压在山底下的英雄"。

《从前有座山》的音乐是辉煌的、震撼心灵的，曲作者采用简单、质朴、自然的民歌素材，借鉴西洋作曲技法，营造出一种偏远山区特有的原始、古朴又富有传奇色彩的氛围，戏剧效果极其强烈。为了体现作者意图、完美烘托剧情，乐队的同志们夜以继日地排练，就在那一个夏天不透风、冬天刺凉风的破旧排练场，每天飘出的都是直指人心的乐声。

"台上一分钟，台下十年功"，《从前有座山》中演员的出色表演也是观众绝口称赞的，该剧导演有非凡的敬业精神，情感饱满、体力充沛，和演员们几乎是没日没夜地排练、磨戏，有时灵感一来，拨通电话就给演员说戏，这都是发生在凌晨三四点钟的事情。对演员们要求近似苛刻，每句台词、每个步位、每次对手戏都要求准确到位。

歌剧以歌唱为主，要求每个演员都有扎实的基本功和演唱表现力，要完整表达词、曲作者的意图，符合剧中情节。国内有位知名的歌唱家讲道，歌唱的最高成就是表演歌剧，再高就是到著名的歌剧院演歌剧，那么歌唱的巨大成就就是应该到世界顶级的歌剧院演主角，这也多少说明了歌剧演唱的重要性。《从前有座山》中5个主演嗓音条件都很好，唱功也很扎实，加之刻苦的训练，收到了非常好的演唱效果，男、女1号角色易大信、姚艳莉表演出色，为《从前有座山》增色不少。

舞蹈排练也是别具一格，编导要求所有舞者必须以气功法介入，首先是闭目凝神、气存丹田、心境洁纯、入情入戏，然后再手舞足蹈，飘逸如仙，舞蹈表演正是恰如其分地衬托了剧情，同时美感纷呈。

舞美工作队可谓特别行动队，吃得苦、耐得劳、熬得夜、霸得蛮。领导班子无专职，演出时全是演（奏）员。全体演职员既是脑力劳动者又是体力劳动者，装车、卸车、装台、卸台、对光、布景等台上一切工作都是大家一起干，分工合作、有条不紊，这就是团队精神。

全国有 600 多个城市，而株洲这个小小的城市却在歌剧事业上有浓墨重彩的一笔，他们的成就为全国歌剧事业做出了贡献，同时也为这座城市争得了荣誉，提高了城市的知名度和文化品位。

株洲市歌剧事业的成就被同行们称为"株洲歌剧现象"。的确，一个小城市的艺术表演团体能在全国歌剧界占有扎实一席，实属不易。文化部召开歌剧座谈会，领导们都没有忘记问一声"株洲的同志来了吗"。在此，也要感谢文化部的领导对株洲的厚爱。

株洲歌剧成就的取得离不开株洲各届、各级领导重视文艺工作、知晓文艺工作、扶助文艺工作，离不开社会的需求，离不开广大人民群众的支持和爱戴。

史料提供：杨景山 朱存汉

王明夫
国家二级演员（副教授），株洲市歌舞剧团
原党支部书记，湖南省音乐家协会名誉理事，株洲市音乐家协会原主席

第七期

书法之道与乡邦书家

一、引言

中国书法是一门有着浓郁东方情调且极具魅力的民族艺术，它把点画的结合变成造化与心灵的凝合，把黑白的分割变成具象与抽象的交替，化物态为情思，具有独特的审美感染力。

> 临池终日意何如，作镜磨砖也大痴。
> 昨夜梦中番有悟，流光可惜醒来迟。

（施杰荣自题诗）

中国书法何以成为一门艺术，当然有很多的因素，其中有三个因素不可忽视。一是文字（汉字），二是毛笔（工具），三是人的主观意识，三者缺一不可。汉字是书法的载体，毛笔是书写的奇器，单靠文字、笔墨不能成为书法艺术，还需要人来操控，表达人的情感意识，"形其哀乐，达其性情"才是书法艺术。

施杰荣书法

（一）汉字的产生和发展

上古之世结绳为政，大事以大结，小事以小结，借以传达意旨。至伏羲氏始创八卦，略具文字之形体。许慎《说文解字叙》中说："仓颉之初作书，盖依类象形，故谓之文，其后形声相益，即谓之字。文者，物之本象也，字者，孳乳而寝多也。著于竹帛谓之书，书者，如也。"

生民之初，人事简陋，故文字仅限于象形、指事。后来人事渐繁，文字之需迫切，又因象形、指事而为孳乳，于是以声与形相附，而为形声，形与形相附而为会意，异其字同其义而为转注，异其义同其字而为假借。由此可知，"文"是按照象形原理创制出来的文字，诸如日、月、山、川；"字"是按照形声原理创制出来的文字，如江、河、湖、海。再加上指事、会意、转注、假借，所谓"六书"是也。

"六书"之名称，汉人所述凡有三家：班固，字孟坚；郑众，字仲师；许慎，字叔重。

班固之说见《汉书·艺文志》："古者八岁入小学，故周官保氏掌养国子教之六书，谓：象形、象事、象意、象声、转注、假借、造字之本也。"

郑众之说见《周官保氏注》："六书，象形、会意、转注、处事、假借、谐声也。"

许慎之说见《说文解字叙》："周礼八岁入小学，保氏教国子，先以六书，一曰指事，二曰象形，三曰形声，四曰会意，五曰转注，六曰假借。"

邓散木先生认为，据现代考古发掘及各种文献、实物证实，世界各种文字起始皆是象形，故叙次当从班固，而名称当以许氏为宗。邓散木还认为，许慎《说文》中其所引之会意字，十九望文生义，徒为凿空之谈，并举二例：

1. 如"武"，曰"止""戈"为"武"，邓公认为古字"止"是为"足"迹之意，是持戈舞诵，以示武怒之象。

2. 如"仁"，许认为二人为"仁"，邓说，"仁"为元之变，从"人"，从"二"，"二"即是古文"上"字，于天则人之上为"元"，于人则人之首为"元"，此指合体字，人首之元，犹言头脑，知觉，故为"仁"。

杨树达先生《中国文字学概要》提出，象形者，图画也，为客观的、模仿的、具体的，先有形而后有字，是为字生于形；指事者，符号也，为主观的、创造的、抽象的，先有字而后有形，是形声字，以此论，会意形声字都属于抽象符号。

钱穆先生《中国文化史导论》认为，中国文字的最先，虽是一种象形，而很快便走到了"象意"与"象事"的范围里。

从大量的甲骨文来看，殷商时期，我国文字已真正形成，并被确认下来而广泛应用，当时各种卜辞，还发现有少量用毛笔写的朱、墨迹。

文字之初，外师造化，依类象形，博采奎星圆曲之势，俯察龟文、鸟迹之象，融会众美，就为书法萌芽提供了优厚的先天条件。

缅想圣达，立卦造书之意，乃复仰观、俯察六合之际焉，于天地山川得方圆流峙之形，于日月星辰得经纬造回之度，于云霞草木霏布滋蔓之容，于衣冠文物得揖让周旋之体，于须眉口鼻得喜怒惨舒之分，于虫鱼禽兽得屈伸飞动之理，于骨角齿牙得摆拉咀嚼之势，随手万变，任心所成，可谓通三才之品汇，备万物之情状者矣。

中国书法以极抽象的字符点画创造出一种可感、可观、可兴（抒情的形象）的艺术形式，确乎是先圣的伟大创造。

（二）书法的工具

中国的祖先何等聪明智慧，发明了兽毛做笔，这种笔雅称"柔翰"，现在"笔"是简化的字，但简化的时候先生们还是注意到从竹、从毛。但古代初始的笔是"聿"，右手握着一根杆，杆下扎上一撮毛，后来又加上竹字头，繁体字"筆"，是用"聿"写在简帛之上。

"柔翰"是多么雅的名称，汉代蔡邕说"惟笔软则奇怪生焉"。从"翰"字来看，本是锦鸡彩色羽毛，古人是不是用羽毛来做笔，不得而知，据说东坡居士用鸡毛做过笔，当然这也是很晚的事了，不是初始做笔的记载。后来一直用的兽毛，主要是兔毫，传说秋季中山兔毫最好，毫端明净，耐用、好用，李白《怀素上人歌》"少年上人号怀素，草书天下称独步。墨池飞出北溟鱼，笔锋杀尽中山兔"。据记载，王羲之是用鼠须笔、蚕茧纸写的《兰亭序》。

总之，笔是用柔软的毛做成的汉字书写"神器"，没有"柔翰"，便没有"八法"，也就没有书法艺术。

汉代张衡《咏史诗》曰："弱冠弄柔翰，卓荦观群书。"南朝何筠诗云："含毫虽有属，搦管竟无挥。"古人的诗文用字很讲究，一个"弄"字，一个"搦"字，很巧妙地说明了执笔写字写诗情形，执笔不是用死力，而是有散怀适意的情绪。所以蔡邕说"书者散也，欲书先散怀抱，然后书之"。

汉字是用柔软、含蓄、能屈能伸、能粗能细的毛笔写成。点者，字之眉目，全借顾盼精神；横直者，字之体骨，欲其坚正匀静、长短适宜；撇捺者，字之手足，伸缩异度，变化多端，如鱼翅鸟翼，有翩翩自得之状；钩者，字之步履，欲其沉实。

所以我说毛笔乃是书家的神奇之器。

（三）人的主观意识

天地人三才，人是万物之灵长，人能够创造出不同于自然物的形式，能按美的规律造型，借助文字符号，给文字赋予新的形象。节奏韵律的音乐美，形式结构的动态美，诗意文学的意境美，这样一幅书法便是呈现人生自由的生命形象。

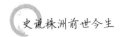

二、书法之道

"形而上者谓之道，形而下者谓之器。"我在此不谈技法，略述书法之道。字虽有质，迹本无为，禀阴阳而动，体万物以成形。达性通变，其常不主，故知书道玄妙。

清代有一位大画家石涛和尚，他论述了"一画"法则。石涛说"太古无法，大朴不散，大朴一散，而法生矣"。古人认为天地（乾坤）原本是一大气球，忽然有一位大天才，在这大圆体上划出一横画，破了这大朴。"混沌初开，乾坤始奠，气之轻清者上浮为天，气之重浊者下凝为地"，从此出现了"大象"，即"一画立，上下分，阴阳判"。一切道理、意象由此发生、发展了，哲学、文艺由此产生。蔡邕《九势》云："夫书肇于自然，自然既立，阴阳生焉；阴阳既生，形势出矣。"王充《论衡·自然》云："天地合气，万物自生，犹夫妇合气，子自生矣。"天地合气即是阴阳合气，书法既象形于自然，就要取法于大自然这种阴阳的对立统一，如虚实、刚柔、动静等，以造成书法形势的出现。

晋王羲之《书论》："夫书者，玄妙之伎也，若非通人志士，学无及之。"唐虞世南《笔髓论》云："故知书道玄妙，必资神遇，不可以力求也。"明董其昌《画禅室随笔》云："总之欲造极处，使精神不可磨没，所谓神品，以吾神所著故也。"清包世臣《艺舟双楫》云："书道妙在性情，能在形质。"唐孙过庭《书谱》云："岂知情动形言，取会风骚之意；阳舒阴惨，本乎天地之心。""阳舒阴惨"是讲阴阳之道。《易·系辞》云："阖户谓之坤，辟户谓之乾，一阖一辟谓之变。"乾为阳，坤为阴，阳舒为主动，曰辟，辟者向外成一和；阴惨，曰静，曰阖，亦曰翕，翕者退藏于密，向内成一中。孙氏将书法之道纳入天地秩序之中，使书法有了永恒的价值和意义。

阴阳相生相克，构成矛盾的对立统一，事物的变化正是由于阴阳的相摩相荡，开合承起，这种变化缘自阴阳的各自特性，与阴阳本身一样来源于宇宙，即自然之道，天地之道，即所谓"天地之心"。

赵壹《非草书》云："览天地之心，推圣人之情。"天地之心，自然之道。

宋代大儒张载《易说》认为"天地之心者，天地之大德曰生，则以生物为本者，乃天地之心也"，是指这个世界化生万物的功能，功能内在于实体，表现于外则为有形的大化流行的过程，这是一个客观的自然过程。

天地以生物为本，阴阳交感运行不息，也确有一个生物之心，这是客观规律，自然的功能，也是宇宙之心，若通过人的认识，把宇宙这种规律和功能如实地揭示出来，就是"为天地立心"。

而宋代另一位大儒邵雍则认为心有三种：一曰天地之心，二曰人类之心，三曰圣人之心。

天地之心，天生于动，地生于静，动静交合，而天地之道尽矣。万物由此而生，大化由此而生，是自然则然，此天地之心的本质。然则人类之心包含了很多杂质，有情欲，有情则蔽，蔽则昏，有欲则私，私则屈天地而徇人欲。圣人之心，是人类之心的精粹者，至诚湛明，精义入神，能知天地万物之理，一以贯之，因此圣人之心，才能识天地之心，通于天地之道。

天地大化流行，是阴阳矛盾不断运动和发展的结果，书法艺术亦然。书法精神在阴阳矛盾之中得以体现，书法充满了矛盾，意与象，形与神，疾与涩，虚与实，矛盾无处不在、无时不有，对立是天地之秩，统一是天地之乐。书法中的矛盾，强调对立统一的和谐，否则会"质直者则径挺不遒，刚狠者又倔强无润，矜敛者弊于拘束，脱易者失于规矩，温柔者伤于软缓，躁勇者过于剽迫，狐疑者溺于滞涩，迟重者终于拙钝，轻琐者染于俗吏"。（唐孙过庭《书谱》）只有对立中达到和谐，才能获得永恒的价值和意义。

书法以自然为最高法则，即是不刻意做作。孙过庭《书谱》有非常精妙的论述：

"同自然之妙有，非力运之能成。"

"凛之以风神，温之以妍润，鼓之以枯劲，和之以闲雅。"

"故以达夷险之情，体权变之道。"

"右军之书，末年多妙，当缘思虑通审，志气和平，不激不厉而风规自远。"右军之书妙在其能会天地之心而得以实现书法艺术最上境界。

"观夫悬针垂露之异，奔雷坠石之奇，鸿飞兽骇之姿，鸾舞蛇惊之态，绝岸颓峰之势，临危据槁之形；或重若崩云，或轻如蝉翼；导之则泉注，顿之则山安，纤纤乎似初月之出天崖，落落乎犹众星之列河汉。同自然之妙有，非力运之能成。"

"违而不犯，和而不同，留不常迟，遣不恒疾，带燥方润，将浓遂枯，泯规矩于方圆，遁钩绳之曲直，乍显乍晦，若行若藏，穷变态于毫端，合情调于纸上，无间心手，忘怀楷则。"

违而不犯，和而不同，是变化中有共性，和谐中有差别，即是阴阳在交感过程中相互消长的不同分数，有变化而又和谐，同臻违与和相契之妙境。无阴阳则非道，阴阳分离亦非道，阴阳合德，刚柔相济，权正相兼，平险相错，筋骨血肉相符，古今相参，圆阙相让，疾涩相宜，事理相符，意兴相发，字法之能事毕矣。

吴玉如先生说："刚柔相济，天地之秘也"，动静交感微妙，难以言传，全在自身体悟。

综上所述，书法艺术以具有一定含意的相应汉字作为创作载体，书法艺术伴随汉字的产生演化而出现和发展，没有汉字，便没有书法艺术。汉字书法，篆、隶、行、草、楷五种书体，天生丽质，点画繁简形状不一，字形多变，且能构成文字间的纵横聚散行气，进而形成章法，蕴含辩证思维，渗透民族文化精神。

书法作者通过点画、结构、章法，有节律的形、姿、势、意的塑造，表现了中华民族的审美理念和美的创造力，给人们以艺术享受和启迪。

书法是以宣纸、毛笔和墨为工具的艺术，纸与墨的黑白虚实对比，极简约而又极具意韵。墨不能自行纸上，须人借毛笔的运动而出现效果，毛笔运动规律为笔法，笔法之神髓是写，写是生动自然的运动生命的展现，是心灵的音乐。

中国书法是以《周易》、老子和孔子之道为代表的民族文化的一种艺术形式，一种文化现象，它蕴含着哲学、文学、文字学、伦理学，而哲学是民族文化艺术的先导，尤其对书法影响深刻而久远。

总而言之，圣人之心与天地之心相合，书法之道与自然之道相接，赋予书法以艺术源泉、艺术规律、艺术精神、艺术境界。

三、兼论乡邦书家

落落挥毫故有神，不因临写损天真。湖湘豪气由来重，何必山阴一辈人。

——沈尹默论书

湖南古属楚国南部，可称南楚，老子、庄子皆楚人。有一本《楚宝》的书，记录着湖南（楚国）诸多大儒名臣，从公元前4世纪湖南地区为楚国南部时起，经公元前3世纪楚国灭亡，后再经历诸多朝代直到14世纪明初为止，列出两千年间湖南的历代贤人。《楚宝·文苑》介绍楚国大夫屈原的生平，邓显鹤说屈原的《离骚》是第一首"振南国之风"。

屈原被贬至楚国南方，投汨罗江自尽。《离骚》尾章云："乱曰，已矣哉！国无人莫我知兮，又何怀乎故都！即莫足与为美政兮，吾将从彭咸之所居。"彭咸，巫师也，居楚国之南部，南楚虽是荒蛮之地，巫术盛行，却也是浪漫的文化发祥之地。屈原之后一个世纪，汉朝大臣贾谊也被贬到湖南，写下了著名的《吊屈原赋》，感叹"国莫我知兮"。这位长沙王太傅，过湘水时投书以吊屈原。

湖南有浪漫主义的诗歌，也有浪漫主义的文化，陆游诗云："挥毫当得江山助，不到潇湘岂有诗。"我以为文化艺术最需要浪漫主义情怀与丰富的想象能力。艺术需要"迁想妙得"。

历史上，湖南的书法艺术有几大贡献：一是里耶秦简；二是马王堆简帛书；三是长沙走马楼吴简。大量简帛书墨迹，展现了湖湘古代的民间书法样式，这些简帛书上承秦代的书艺传统，下开隶书为主体的八分、章草、草书、真书等各种书风之先河。湖湘自古风流地，历史上大书家有欧阳询、怀素等，近现代齐白石、毛泽东等，济济人才接踵而来，兹点击几位代表人物。

（一）欧阳询，字信本，初唐潭州临湘（今长沙）人，由隋入唐，曾官太子率更，后人称为"欧阳率更"。他的书迹留传有楷书《九成宫醴泉铭》《皇甫诞碑》《化度寺碑》等，行书则有《卜商读书帖》《张翰思鲈帖》等。这些书法作品，用笔结构看似平稳，却内蕴变化，形势险峻，气度森严，特别是楷书《九成宫醴泉铭》，结构严谨，骨格清奇，笔力刚劲，孤峰崛起，在中国楷书历史上登峰造极，是书法空间结构绝诣。他提出"结构三十六法"，影响深远，人称"结构大师"。欧阳询是初唐书坛三大巨头，其子欧阳通，妙法家传，在欧体上再结合隶书，也就有明显个性特征，传世名作有《道因法师碑》等。

楷书《九成宫醴泉铭》

行书《张翰思鲈帖》

　　（二）怀素上人，字藏真，俗世姓钱，籍贯长沙市，李白《怀素上人歌》称"少年上人号怀素，草书天下称独步"。怀素幼而事佛，经禅之暇颇好笔翰，如醉如痴，把漆盘都磨穿了。据说在庵前庵后种了上万株芭蕉，叶子都写遍，他的居所为绿天庵。为了开阔眼界，研究书法，担笈杖锡，云游上国京城，拜见公子，草书大进。有《自叙帖》《苦笋帖》《小草千字文》等留传于世。其中《自叙帖》狂草极具浪漫主义，激情奔放，"笔下唯看激电流，字成只畏盘龙走"，行笔金蛇狂舞，变幻变测，骇目惊心，异彩纷呈；而他的小草书则又平淡天真，纯出自然，《苦笋帖》笔法秀逸，超妙入神。与唐朝另一位狂草大家张旭并称"颠张狂素"，先后相辉。

张旭笔画丰腴，怀素笔画古瘦；张落笔沉实，怀素落笔轻灵。笔者读了他们二人的草书帖亦有感悟，以诗赋之："狂素颠张大草书，笔花乱舞竟愁予。乘除加减皆生势，万象纷呈万象虚。"

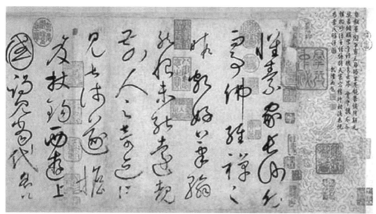
《自叙帖》

《苦笋帖》

（三）何绍基（1799—1873），字子贞，号东洲，晚号蝯叟，湖南道县人。《清史稿·文苑列传》载绍基通经史，精律算，据《大戴记》考证《礼经》，贯通制度，颇精切，诗类黄庭坚，嗜金石，精书法。据记载，何绍基执笔是回腕法，手臂高悬，弯成半圆腕，亦半弧形，虎口水平状，上可置一小酒盅，毛笔垂直于纸面。无论如何，从何绍基的书法作品中我们可以领略到柔毫的起伏，有回鸾舞凤之势，笔画遒劲、圆润，或如万岁枯藤。

曾国藩说：子贞之学"长于五事，一曰《仪礼》精，二曰《汉书》熟，三

何绍基

曰《说文》精，四曰各体诗好，五曰字好。渠意皆欲有所传于后，以余观之，字则必传千古无疑矣"。马叙伦先生有诗云："近代书人何子贞，每成一字汗盈盈。须知控纵凭腰背，腕底千斤笔始精。"

在中国书法史上，清代"书道中兴"，清中晚期进入了求变时期，涌现出许多书法家，何绍基是其中佼佼者，他与赵之谦等一大批书家力倡碑学，使碑学极盛一时，改变了当时的衰微之状，拓展了新天地。

何绍基行书录语四条屏　　　　　　　　　何绍基隶书节录
韩敕修孔庙后碑轴

何绍基之书法颇具个性，他不走"二王"传统道路，而宗颜真卿《争座位帖》《祭侄文稿》，融入篆隶、魏碑笔法，在行草上独创一格，用笔飞动，起伏跌宕，方圆交错，点画粗细相间，章法讲究，字与字、行与行之间的关系，疏密错综有序，天然质朴。

（四）李东阳（1447—1516），字宾之，号西涯，明政治家、文学家，诗文典雅工丽，长于篆、隶、楷、行草，明之台阁体向明中期吴门书法过渡书家。楷法颜，风格清润潇洒，得颜精髓，自成家数，开吴门先声；草书结体宽博疏朗，圆转瘦硬，骨力雄健，摆脱明初台阁体束缚，少年时书法颇自负，

李东阳草书甘
露寺七律轴

李东阳行书七绝诗扇面

曾说"斯冰之后唯小生"。

（五）谭延闿（1896—1930），字祖安，号瓶斋，湖南茶陵人，清末选翰林庶吉士，民国期间三次督湘，曾出任南京国民政府主席，行政院院长。

在书法上，他以颜真卿为宗，但削颜之肉，增柳之骨，参黄庭坚笔意，故字骨力沉劲，而气格开张，在晚清学颜诸大家（何、翁等）之外，别具新貌，

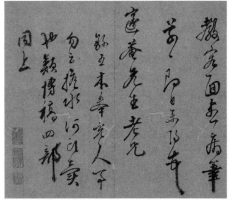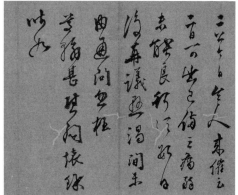

李东阳书札册

谭延闿行书米芾淡墨秋山诗轴

谭延闿行书七言联

成为民国时期学颜最有成就者。其弟谭泽闿,亦擅长书法,同学颜体,卓有成就,丰腴过之,骨力稍欠,有很多匾额题字是其手笔。

（六）李立（1925—2014），湖南湘潭花石（今属株洲）人,字石庵,号立翁。幼年丧父,寄居外祖父家,外祖父家系书香门第,老人雅好金石书画,与齐白石过从甚密。李立束冠三年,居然刻成了一

白石老人与李立

宋拓《天发神谶碑》

齐白石书法 李立书法

册"石庵印章"，有人便帮他把印册寄给北京的前辈齐白石，白石老人惊叹说"刀法足与余乱真"，因感叹"白白刻石替人二三，皆在四川，不料家山又有卧龙，石庵能倾心学于余，余心虽喜，又可畏可惭也……"

李立先生书法、篆刻互参互融，书中有刀味，刀中有书味，古朴雄奇，苍茫浑厚，苦心孤诣，师法吴《天发神谶碑》，在学习前人的基础上，自出机杼，自辟蹊径，自立门户，有自家面目。

施杰荣

株洲市美术家协会副主席，株洲市书法家协会原副主席，

中华诗词学会会员，九畹画院院长

株洲楹联漫谈

一、李东阳对联

沧海日，赤城霞，峨眉雪，巫峡云，洞庭月，彭蠡烟，潇湘雨，广陵潮，匡庐瀑布，合宇宙奇观，绘吾斋壁；

青莲诗，摩诘画，右军书，左氏传，南华经，马迁史，薛涛笺，相如赋，屈子离骚，收古今绝艺，置我山窗。

（〔明〕李东阳　书斋联）

李东阳（1447—1516），字宾之，号西涯。湖南茶陵人。官至明朝内阁首辅大臣。茶陵诗派代表人物。

上联：集神州九处名山胜水，汇于我书斋，供我观赏。

下联：汇中华九位名人绝艺，藏于我书橱，供我研读。

沧海日：沧色海水，一望无际，日出之时壮观的景色。赤霞城：赤城，山名，位于浙江天台县，山上赤石屏列如城，观之如霞，故称"赤城栖霞"。峨眉雪：指雄奇壮观的四川峨眉山雪景。巫峡云：四川巫山县东巫峡两岸有著名的巫山十二峰，诸峰常有云雾缭绕，为胜景奇观。洞庭月：洞庭湖有"八百里洞庭"之称，洞庭月色美不胜收。彭蠡烟：江西鄱阳湖又称"彭蠡湖"，湖上烟波浩渺，蔚为奇观。潇湘雨：指"潇湘夜雨"，为"潇湘八景"之一。广陵潮：即广陵（今扬州）曲江潮。庐山瀑布：江西庐山有"匡庐奇秀甲天下"之誉。

青莲诗：即李白的诗。李白号青莲居士，又号"谪仙人"，唐代伟大的浪漫主义诗人，被后人誉为"诗仙"。摩诘画：王维，字摩诘，河东蒲州（今山西运城）人，祖籍山西祁县，唐朝诗人，有"诗佛"之称。其诗、画在盛唐时代颇负盛名。右军书：晋代大书法家王羲之，官至右军将军，其书法艺术在中国书法史上享有极高地位，有"书圣"之誉。左氏传：春秋左丘明所撰《春秋左氏传》，保存了大量史料，文字优美，记事详明，是中国古代史学和文学名著。南华经：又名《庄子》，是战国中期庄子及其后学所著道家经文。马迁史：司马迁《史记》是我国第一部纪传体通史，记事起于传说的黄帝，迄于汉武帝，首尾共三千年左右。该书不仅是一部不朽的史学名著，在文学史上也享有很高的地位。薛涛笺：薛涛，字洪度，京兆长安（今陕西西安）人。唐代女诗人，成都乐伎，时称女校书。16岁入乐籍，与韦皋、元稹有过恋情，恋爱期间，薛涛自己制作桃红色小笺用来写诗，人称"薛涛笺"。相如赋：司马相如，字长卿，汉族，成都人，西汉辞赋家，中国文化史文学史上杰出的代表。汉代辞赋集大成者。屈子离骚：屈原，战国时期诗人。代表作《离骚》。

与国咸休，安富尊荣公府第；
偕天不老，文章礼乐圣人家。

（〔明〕李东阳　题孔庙大门）

在书写时，其中"富"字上面少一点，寓"富贵无头"，"章"字一竖通到上面立字，寓"文章通天"，此联概括出千百年来"圣人家"的气派。上联写孔子府第安富尊荣，富荣同国盛大，气魄非凡。下联赞美孔子的文章流传千古，与天齐老。出处很古，语出《书·微子之命》："作宾于王家，与国咸休，永世无穷。"

二、肖锦忠对联

佳人本月里嫦娥，姑且待银烛光前，携手同为攀桂客；

状元亦世间子弟，切莫向洞房深处，甘心只作探花郎。

【〔清〕肖锦忠（状元）　自题新婚联】

茶陵肖锦忠是道光二十五年（1845）的状元。他出身贫寒，没有显赫的社会背景，完全凭自己的刻苦攻读获得了功名。此前，清代的状元多半来自江浙，湖南仅衡山的彭浚得此殊荣，所以，肖锦忠高中榜魁时，不只肖家喜不自胜，连整个湖南也为之欢呼雀跃，就因他替乡梓争得了脸面。朝廷按例授予翰林院修撰，但肖的官运乖张，此后，再也没有出仕过朝廷的新职。咸丰四年（1854），他因烤火取暖，不幸煤气中毒而死，时年五十有一。

嫦娥，是中国上古神话中的仙女，美貌非凡。"嫦娥"本称"姮娥"，因西汉时为避汉文帝刘恒的忌讳而改称嫦娥，又作常娥。银烛：银色而精美的蜡烛。攀桂：喻指科举登第。探花：探花是中国古代科举考试中对位列第三的进士的称谓，与第一名状元、第二名榜眼合称"三鼎甲"。

试问十九年磨折，却苦谁来？如蜡自煎，如蚕自缚，没奈何罗网横加。曾与余云：子固怜薄命者，何惜一援手乎？呜呼！足可悲矣。忆昔芙蓉露下，杨柳风前，舌妙吴歌，腰轻楚舞，每盼酡颜之醉，频劳素腕之扶。天台无此游，广寒无此遇，会真无此缘。纵教善病工愁，为郎憔悴，尚凭地谈心遥夜，数尽鸡筹，极许多袅袅婷婷，齐齐整整；

讵图两三月欢娱，竟抛侬去？望鱼长渺，望雁长空，料不定琵琶别抱。然为渠计，卿真昧凤因哉，而肯再失身耶。噫嘻！迫其死欤！迄今豆蔻香消，蘼芜路断，门犹崔认，楼已秦封，难招红粉之魂，枉堕青衫之泪。女娲弗能补，精卫弗能填，少君弗能祷。惟期降灵示梦，与我周旋，更大家稽首慈云，乞还鸳帖，或有个夫夫妇妇，世世生生。

【〔清〕肖锦忠　挽妓（柳烟）】

肖锦忠工于书法、诗词、对联，慕名前来求题署、题诗、作联的人很多，其生活比较浪漫，有不少风流韵事，人称"风流才子"。相传他进京赶考，路经上海，曾与一名名妓相好，暗订私盟。后来登科进仕，返家途中重游故地，寻找这名歌伎，却不见踪影，或云已经病故。肖大为伤感，挥笔写了一副 248 字的挽联，创我国挽联史上最长之联的第一例，至今传为佳话。张翰仪编撰的《湘雅摭残》收有此联。这副对联的写作技巧非常高超。首先是用典灵活多变。全联 50 个句子，几乎有三分之二引用了典故。在用词方面，不乏华丽，但毫无庸俗的气息；也描绘了名妓的姿色，却不露轻浮淫乱的味道。长联最难的是工整与情意双兼，这副对联却兼而有之，真不愧为一幅佳作。

煎：焦灼痛苦。横加：谓无法跳出火坑。舌妙吴歌：口唱着美妙的吴地歌曲。腰轻楚舞：腰扭着轻盈的楚国舞蹈。酡颜：喝得微醉，面庞更红光焕发的样子，由《楚辞·招魂》"美人既醉，朱颜酡些"而来。素腕：白嫩的手腕。天台无此游：《太平御览》传说刘晨、阮肇入天台山迷路不得归，后遇两位仙女，遂成就一段美好姻缘，半年后求归下山，至家中方知过七世。后以此指男女爱恋情事。广寒无此遇：唐玄宗梦中游月宫遇仙女得授仙乐的故事。他做了一个梦，梦见自己畅游月宫，在那里，他看见十余名嫦娥皆穿皓衣，乘坐白鸾，在桂树之下翩翩起舞，所奏乐曲清丽玄妙，令人如痴如醉。后来，仙女便把这首曲子传给了玄宗。玄宗醒来之后，根据自己梦中所听、所记，解音律，谱其声，屡经修改，最终写成一首动听的曲子。其后，他命乐工排练，令爱妃杨玉环编舞，终于编排成了歌舞《霓裳羽衣曲》。会真无此缘：是写崔莺莺与张生的故事，最早出现于唐代元稹的小说《莺莺传》，别名《会真记》。是元稹自身爱情生活之写照，虽然文中不时流露出炫耀其艳遇之心情，但也可见得他对女主角莺莺是存有愧疚之心的，否则不会透过莺莺之口说为郎憔悴却羞郎，以责备张生，不无自责之意。虽是写艳遇，但元稹对女主人公必有相当程度的感情，所以不愿明写其为妓女身份，而以莺莺遵守礼教、是个闺秀作为幌子，美化她的身份，他这样刻意隐瞒莺莺的真实身份，其实蕴藏了多少对昔日恋人的爱与悔恨啊！这或许是元稹的难言之隐，不足为外人道也！王实甫《西厢记》里的崔莺莺是相国小姐，她深沉、含蓄，既有外在的凝重，又有内在的激情。封建家庭的教养，无法完全窒息她内心的青春情感。鸡筹：鸡，指鸡人，古报晓之官；筹，古时计时的竹签。唐王维《和贾舍人早朝大明宫之作》诗："绛帻鸡人报晓筹。"望鱼长渺：鱼指鱼书，古时对书信的称谓。纸张出现以前，书信多写在白色丝绢上，为使传递过程中不致损毁，古人常把书信扎在两片竹木简中，简多刻成鱼形，故称。有诗云："客从远方来，遗我双鲤鱼。呼儿烹鲤鱼，中有尺素书。"后因称书信为"鱼书"。望雁长空：雁，即雁足，指书信。料不定琵琶别抱：料不定，即说不定。琵琶别抱，犹言另有新欢。孟称舜《鹦鹉墓贞文记哭墓》有"怎把琵琶别抱归南浦"句。然为渠计：渠，她。卿真昧夙因哉：昧，不明白。夙，（自己）素有的。豆蔻香消，蘼芜路断：豆蔻香消是指女子年纪轻轻就逝去，蘼芜是一种香草，蘼芜路断也是比喻女子逝去。门犹崔认：唐人崔护所题"人面桃花"诗。此借以表达不能再见到倾心爱慕的女子而产生的怅惘心情。楼已秦封：秦楼是指秦国时秦穆公女儿弄玉在楼上吹箫的典故，萧史弄玉既有成佳偶又隐有男女偷情的含义，弄玉所住之楼即凤凰台也被称为秦楼。枉堕青衫之泪：青衫，本指白居易。白居易做江州司马时，一日送客浔阳江头，闻一舟中女子弹奏琵琶并述其不幸遭遇，深表同情，遂作《琵琶行》诗。末句云："座中泣下谁最多？江州司马青衫湿。"此言"枉堕"，是说尽管像白居易那样流了许多眼泪，还是无从再生。女娲弗能补：女娲，神话中人类始祖。《淮南子》说她曾"炼五色石以补苍天"。精卫弗能填：精卫，神话中鸟名，相传为炎帝女，因游东海淹死，遂化为精卫，常衔西山之木填于东海。少君弗能祷：少君，西汉方士，自称能招亡魂。《汉书·郊祀志上》记汉武帝时，有方士李少君倡言能使人长生不老，深得武帝宠信。后少君病死，武帝仍不相信，以为化去不死也。后世诗文因以"少君"作为对道士的尊称，以"少君术"代称道家之术。与我周旋：与我应接。更大家稽首慈云：更，再。大家，两人一起。稽首，朝拜。慈云，慈荫。鸳帖：婚书。

　　上联，回忆与这名妓女相爱的情况；下联，写对这名妓女的怀念，既是

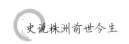

怀念，更多的是表现作者的内心思想。

三、罗典对联

> 地接衡湘，大泽深山龙虎气；
> 学宗邹鲁，礼门义路圣贤心。
>
> （〔清〕罗典　岳麓书院）
>
> 山径晚红舒，五百夭桃新种得；
> 峡云深翠滴，一双驯鹤待笼来。
>
> （〔清〕罗典　爱晚亭）

罗典（1718—1808），字徽五，号慎斋，株洲市天元区马家河人。乾隆丁卯（1747）举乡试第一，辛未（1751）进士，授编修擢御史，历官鸿胪寺少卿。主持岳麓书院长达27年。岳麓书院在他主持下，发展达到了最高峰。著有《凝园五经说》及诗文集。乾隆四十七年（1782），罗典出任岳麓书院山长。

"五百夭桃"是个概数。这副改后的对联描绘了山径向晚、新桃成林、桃花盛开，红艳的花色与晚霞互相辉映，以及清风峡内云烟缭绕、翠色欲滴、驯鹤待归、人鹤相期的美好、宁静、闲适、祥和的景象。对联写景，却超越了风景；状人，又潜藏于景物中，在人与自然相互依存之间，暗藏着教与学、师与生的和谐关系，寓意于联，意味深长，令人赞咏不已，并领悟到一定的哲理。嘉庆年间，罗典的门生欧阳厚均当山长，又题了一副对联："红雨径中，记侍扶鸠会此地；白云深处，欲招驯鹤待何年。"

四、左宗棠对联

> 春殿语从容，廿载家山，印心石在；

大江流日夜，八州子弟，翘首公归。

（〔清〕左宗棠　陶澍莅临醴陵行馆门联）

左宗棠（1812—1885），字季高，湖南湘阴人。晚清军事家、政治家、湘军著名将领，洋务派代表人物之一，与曾国藩、李鸿章并称“晚清三杰”。曾任醴陵渌江书院山长。

1836 年 9 月，湖南醴陵知县得知两江总督陶澍由江西回乡省亲，要路过醴陵，用什么样的方式来迎接这位望重位高的尊长呢？知县别出心裁，他命人收拾了馆舍，请时任渌江书院的山长左宗棠题写一副对联。陶澍见联后当即要求见一见对联的作者。不料这一见，便引出一段佳话。他先与作者约为忘年交，后又与他定下儿女（陶桄）亲家。此时陶澍 57 岁，左宗棠 24 岁。

1835 年冬，56 岁的陶澍因政绩卓著被点名进京述职，见到了道光皇帝。道光命苦，接手的是个烂摊子，财力枯竭、吏治腐败。他渴望多几个实心办事的官员，对眼前这位和他一样勤于政务的湖南老头儿，道光皇帝颇有好感。11 月 25 日初次接见之后，尤觉还有很多话没有说完，于是到 12 月 16 日间，半个多月内召见陶澍达 14 次。

有一天，道光皇帝忽然问到陶澍的家乡，陶澍倍感亲切。他开始描述远在千里之外的家乡湖南安化。他想尽可能地让皇帝对他的家乡有一点儿印象，于是他特别提到了“印心石”和在“印心石屋”寒窗苦读的事。他的家门口有一条河，叫资水，流经家门口时突然有两岸石壁屹立，如大门一般，下有石潭，河水晶莹清澈，深几十丈。一块很方正的大石，形如方印，从水中突出，他把这块石头称作“印心石”，把自己读书之屋取名叫“印心石屋”。

几乎没有迈出过北京城的道光皇帝觉得十分有趣，亲笔题赐了两块“印心石屋”匾额。一幅较小，字高宽约六寸，两方印文为“道光宸翰”“虚心实行”。另一幅长九尺多，字高各约一尺六寸，引首章为“清虚静泰”，落款印为“慎德堂御书宝”。从此，陶澍在任职和所经的名山胜地，都喜欢勒

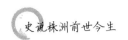

石摩刻"印心石屋"石碑，将皇帝的题词这样大肆张扬、到处摩刻。

八州：指湖南。陶澍先祖陶侃在湖南做官，管辖八州。

五、袁名曜对联

惟楚有材，于斯为盛。

（〔清〕袁名曜）

岳麓书院"惟楚有材，于斯为盛"这副对联原来是株洲人袁名曜和学生一起创作的。

袁名曜（1764—1835），字道南，号岘冈，株洲市芦淞区五里墩乡百井村人，后迁居宁乡。嘉庆六年（1801）进士。嘉庆十七年（1812）被聘为岳麓书院山长。

有一天，学生们议论，巍巍岳麓书院的大门，需要挂上一副有气势的对联，才能与之匹配，相映生辉。于是大家共同请本为诗联名家的山长袁名曜撰题，袁欣然答应，同时以题做考，随口吟出上联"惟楚有材"，要学生们应对。大家正冥思苦想之际，已经小有名气的明经（贡生的尊称）张中阶恰好从外面回来，听说此事，应声对曰："于斯为盛。"

"惟楚有材"，出自《左传》，原句是："虽楚有材，晋实用之。"下联"于斯为盛"出自《论语·泰伯》"唐虞之际，于斯为盛"。他山之石，可以攻玉。须臾之间，袁名曜、张中阶师生的一问一答，一出一对，竟成千古绝唱。

六、彭玉麟对联

洞口开自哪年，吞不尽潇湘奇气；
岩腹藏些何物，怕莫是今古牢骚。

（〔清〕彭玉麟）

株洲空灵岸石洞仙泉，一说株洲武侠蓝仙果所撰（湖南楹联）

彭玉麟，字雪琴，祖籍在今天的衡阳市衡阳县渣江。清末水师统帅，湘军首领，人称"雪帅"。与曾国藩、左宗棠并称"大清三杰"，与曾国藩、左宗棠、胡林翼并称大清"中兴四大名臣"。

彭玉麟曾于湘江训练水军时登临过空灵岸，并为寺里作梅花一件，寺里刊石以志。

七、谭延闿对联

刚日读经，柔日读史；
十年树木，百年树人。

（〔民国〕谭延闿）

谭延闿（1880—1930），字祖安，号无畏、切斋。茶陵高陇镇石床村人。曾任湖南省都督，被推为南京国民政府主席，后任国府委员兼行政院院长。谭延闿不仅是我国近代历史上著名的政治家，同时也是著名的书法家。他的书法字如其人，有一种大权在握的气象，结体宽博，顾盼自如，方严正大，朴拙雄浑，大气磅礴，是继清代钱沣之后又一个写颜字的大家。谭延闿在书法上可以说一生都在攻颜书，然而他在颜体的基础上又加入了米芾的灵动，从而形成自己独特的风格。目前他流传下来的书法作品以行书对联为最多，令世人叹为观止。谭延闿的颜体楷书名满天下，故享有民国四大书法家之首的美誉，"陆军军官学校""行政院"等政府匾额都出自其笔。他亦善诗联，擘窠榜书、蝇头小楷均极为精妙，一生临颜真卿《麻姑仙坛记》200多通。有《组庵诗集》等问世。

"刚日读经，柔日读史"，刚就是阳，阳日谓之刚；阴日谓之柔，理解为人的心境。今天我们看到什么事情等，很不满意，感到很不平的时候，赶快读读书。读读《易经》"四书""五经"，心气就平和起来了。意思

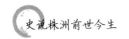

就是人在精神饱满时（刚日）就读一些经典著作，修养自己的浩然正气；柔日读史，当心情很无聊，很沉闷，很想睡觉的时候，就可以看看历史，启发我们奋斗的勇气，也可以静思明志。所以说"刚日读经，柔日读史"，这是关于刚柔的道理。

十年树木，百年树人。比喻要使小树成为木料需要很长的时间。而培养一个人才则需要更多的时间，是个长久之计，并且十分不容易。因此，这句话寓意着国家、民族、家庭只有做好人的培育，才能得以接续、繁衍、传承。古人云：江山代有后人出，一代新人换旧人。这样人类才能永续繁衍、生生不息。

附：

株洲历代楹联选

唐代对联

当南岳之东隅，连云阳之福地，
振潇湘之胜境，作郡邑之崇丘。

（〔唐〕苏师道　攸县司空山）

注：采用骈文句式，四用虚字"之"，句法较为松散，可见对联源于格律诗词与骈文，后趋于严整、精工。

宋代对联

紫麟瑞蔼春风暖，
白虎丹成夜月明。

（〔宋〕赵永言　攸县葛洪紫麟峰修道炼丹）

真境美犹在；
奇峰画不如。

（〔宋〕程元佐　攸县阳升观）

元代对联

断碑独载前朝梦；

乔木犹含太古春。

（〔元〕江存礼　炎陵县唐兴寺）

两手拨开南浦云，谁人似我；

一口吸进西江水，我肯让谁。

（〔元〕谭端伯自题）

注：端宋景炎元年（1276），元军陷茶陵，文天祥起兵抗元，谭端伯响应，被俘后书此联，不屈而亡。

明代对联

古洞云深龙化去；

老松烟暝鹤飞归。

（〔明〕王伟）

清代对联

既到悬岩休失足；

莫随流水不回头。

（〔清〕王闿运　题空灵岸临江路口）

双涧云梦留古月；

六朝碑碣锁苍苔。

（〔清〕陈薄　攸县金溪仙迹）

岚横远岸迷僧寺；

风起寒汀罢钓船。

（〔清〕陈五聚　攸县怡谭）

云移塔影横江岸；

船载钟声出浪头。

（〔清〕谭超人　《观湘洲》）

红沙一片，闲看白日依山尽；

赤地千里，空望苍天送雨来。

（〔清〕刘振纲　攸县白日坳亭）

云带钟声穿树去；

月移塔影过江来。

（〔清〕吴德襄　邵阳双清公园双清亭）

开阁俯苍茫，记二三则旧文，把酒话醴泉剑石；

鞭云睇碧落，将千百年往事，隔江问红拂丁仙。

（〔清〕李隆宪　醴陵梯云阁）

一柱插天空，野行朝参，问是何年禅杖；

千山蟠地厚，雷峰夕照，长留此处仙踪。

（〔清〕龚志曾　炎陵县雷仙寺）

洞口开自哪年，吞不尽潇湘奇气，

岩腹藏些何物，怕莫是今古牢骚。

（〔清〕彭玉麟　株洲空灵岸石洞仙泉）

空石临江，洞口欲添烟水阁；

灵岩问月，天星照破古今愁。

（〔清〕佚名　株洲空灵岸）

多难此登楼，他年卫公重来，举杯欲邀红拂问；
长吟凭吊古，今日丁仙安在，隔江空怅白云飞。

（〔清〕王祝钱　醴陵东北楼酒家）

粤壤接衡郴，风景不殊，好征荆楚岁时记①；
宦游来岭峤，云山在望，常念桑梓恭敬②诗。

（〔清〕谭钟麟　广州湖南会馆）

注：①《荆楚岁时记》是我国最早记录楚地岁时节令、风物故事的笔记体专书。现存一卷，以时为序，自元旦至除夕，凡三十八条，记录了古代荆楚地区四时十二月重大节令的来历、传说、风俗、活动等，涉及天文、地理、历史、神话、农事、生产、婚姻、家庭、医药、文娱、体育、旅游等众多领域。②桑梓恭敬：桑梓，桑树和梓树，古时家宅旁边常栽的树木，比喻故乡。恭敬，尊敬，热爱。语出《诗经·小雅·小弁》："维桑与梓，必恭敬止。"

廿余年将相兼资，正色立朝，威望允孚文潞国①；
数万里橇枪并扫，鞠躬尽瘁，平生自许武乡侯②。

（〔清〕谭钟麟　挽左宗棠）

注：①文潞国，即文彦博，北宋著名政治家、书法家，山西人，幼年聪颖，灌水浮球，家喻户晓。稍长，他及进士第，与包拯是同榜进士，也是儿女亲家，两人关系深厚。与严峻刚直的包拯相比，文彦博处世更加圆融，心胸开阔，进退有度，很少树敌，深受朝廷倚重。他为官七十年，入相五十载，位至宰相太师，被誉为"大宋名相"。②武乡侯，即诸葛亮。

109

君六日流血，我六日招魂，时既去，时又来，天贶长留纪念日；
昔十人兴周①，今十人复汉，奇男多，奇女少，邑姜而后有传人。

（余琴山② 挽秋瑾）

注：①十人兴周：十人，谓文母、周公、大公、召公、毕公、荣公、大颠、闳夭、散宜生、南宫适。"文母"指武王之妻邑姜。②余琴山，株洲宋家桥人。秋瑾牺牲一周年时，开了一个隆重的追悼大会，送去的哀悼挽联很多。

民国对联

心事如白日青天，遂使贞诚回劫运；
家国正风潇雨晦，况兼孤露哭余生。

（〔民国〕谭延闿　挽黄兴）

旭日丽中天，数万古英雄，孰堪匹敌；
大星沉朔野，率三湘子弟，共哭元戎。

（〔民国〕谭延闿　挽孙中山）

天地一英雄，出死入生，提挈山河还故有；
邦家两愁惨，眼枯泪尽，艰难身世复何言。

（〔民国〕谭延闿　挽蔡锷）

三世数交亲，视我犹弟，侍公犹兄，顿伤耆旧风流尽；
十年缅患难，同心若金，攻错若石，直觉平生负愧多。

（〔民国〕谭延闿　挽龙璋）

萍水相逢，主宾皆美；
醴泉不竭，江汉同流。

（〔民国〕谭延闿　萍醴公所）

客来能解相如渴①；

火候闲评坡老诗②。

（〔民国〕谭延闿　长沙天然台酒店③）

注：①相如渴：指司马相如患消渴症。②坡老诗：指苏东坡《试院煎茶》等论诗煮茶的典故。③天然台酒店：位于长沙坡子街。

鸢飞鸟跃潭中月；

虎伏龙吟海外天。

（〔民国〕谭延闿　赠蒋介石）

极目一江横，日夜回流，洗涤胸中块垒；

举头双链在，关山环锁，澄清足下风云。

（〔民国〕罗正纬　燕子矶）

俯瞰大江横，水底天浮，好把乾坤重洗涤；

高眈朝气爽，云边日晓，突开霓锦独婆娑。

（〔民国〕罗正纬　长沙天心阁）

旅住溯乡情，携来衡岳高云，更逾潭水深千尺；

客游饶雅兴，载到洞庭明月，未肯扬州让二分。

（〔民国〕罗正纬　扬州湖南会馆）

东寇深临，诸君到此品茶，愿勿忘前朝碧血；

秋风正厉，吾辈趁时赏菊，须记取明日黄花。

（〔民国〕罗正纬　扬州富春茶园）

注：该联作于九一八事变后，与友人到此品老字号茶赏菊，因忆及清初屠扬十日之惨痛，感事兴怀，写此以警示人。

衔远山，吞长江，万丈波涛，好得慈航登彼岸；
出浊世，离苦海，六根清净，便从宝座见如来。

（〔民国〕罗正纬　题迎江寺并曾兹航法师）

宾主尽东南之美，歌残红袖；
姐妹弄闺房之玉，品重蓝田。

（〔民国〕罗正纬　赠歌女丁美玉）

春到虹桥，花如脂粉人如玉；
霞飞江渚，红是情丝绿是卿。

（〔民国〕罗正纬　赠春霞女士（字玉卿））

少小离家，相逢何必曾相识；
岩阿拾玉，怜卿还是可怜人。

（〔民国〕罗正纬　赠歌女王少岩）

竹帘疏月移花影；
君袖浓香洒玉阶。

（〔民国〕罗正纬　赠歌女张竹君）

楚　石

国家一级美术师，现任株洲美术馆馆长、
株洲画院院长、株洲市书法家协会主席。系中国书法家协会会员，
中国楹联学会第七届理事，湖南省楹联家协会第三、四届副主席

株洲学人颜元叔

一、颜元叔的人生轨迹

（一）家世生平

茶陵湘东乡水头村人。生于 1933 年 7 月 3 日，卒于 2012 年 12 月 26 日，台湾著名作家、文艺理论家、英语教育家。

父亲颜道鹏，黄埔军校一期生，1948 年 9 月，授陆军"中将"。

祖父颜永甲。据推测为湘军将领，退役后在茶陵做乡绅地主，经济条件不错。

（二）求学过程

小学：在水头村高小毕业。

中学：先就读于现在茶陵高垅镇祖安中学，后随家人到南京上私立中正中学，后考上南京四中。在南京四中只读了大半个学年。因解放军打过长江，回茶陵插班茶陵二中。1949 年，到台北中学插班，两年后毕业。

高中毕业后，以第三名的成绩考进了台湾大学外文系。

台湾大学外文系毕业后，做两年预备军官。1958 年，到美国威斯康辛州的密瓦基私立天主教马克大学念研究所，两年后获得硕士学位。然后到威斯康辛大学麦迪逊总校读了两年博士。

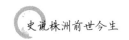

（三）教学生涯

1962 年和 1965 年，曾两度在美国北密歇根学院英文系任教，教英美文学入门。

1966 年，入台湾大学任教授。其间担任过 6 年时间的系主任，一直到 65 岁退休。

在台湾大学的 32 年，有三件大事：

第一件大事是推动了台湾大学的课程改革，一时被誉为"朱颜改"。

第二件大事就是推动了整个台湾的英语教育。

第三件大事是推动了比较文学在台湾的落地生根。

（四）退休生活

写《莎士比亚通论》，完成前四本《历史剧》《喜剧》《悲剧》《传奇剧及诗篇》共两百多万字。

有子三人。长子学诚、次子学勤、三子学恒。

退休后散居三地：台北、上海、水头村。

二、颜元叔的学术成就

两个主要贡献，一个主要贡献是西方新批评理论在台湾的引进，推动了台湾文学的现代化进程。另一个主要贡献是对社会写实文学的倡导。

（一）新批评理论的引进

1. 背景

一是台湾文学在 20 世纪 50 年代的过度政治化。

二是台湾文学与中国文学传统产生了"断层现象"。

三是大众审美疲劳后现代主义文学的崛起。

2. 颜元叔新批评理论的引进

颜元叔引进新批评理论，具有其特殊的方法论上的重要意义。

（二）颜元叔对社会纪实文学的倡导

1. 背景

这个背景就是台湾乡土文学的崛起及论战。

2. 观点

一是文学必须是民族的。

二是文学必须反映时代和人生。

三是文学的主题论。

四是社会写实文学论。

3. 结局

反对乡土文学的人暗示说，他为乡土文学当了开路先锋；而乡土文学阵营的人，也不可能接受他那种温和的立场。

三、颜元叔的散文成就

颜元叔是台湾十大散文家之一，出过 17 本散文集，洋洋 200 万字。

颜氏散文有一个重要特点，就是有意识地芜杂，以庸俗反当代。其行文不同于中国散文抒情传统。颜元叔言，如果人生是一篇大杂文，"我的职责便是表呈人生的复杂性"。

颜氏散文之意趣，有三点可观：其一是小人物视角，其二是恣意汪洋的嘲讽，其三是散文中有很高的学问优越感与玩弄词语的兴趣。

四、颜元叔的爱国情怀

（一）背景

主要是指从台湾乡土派作家的分流后，国民党"党外势力"崛起以及"台独"势力在岛内逐渐坐大。

而另一方面，大陆发展蒸蒸日上。

（二）观点

我所写的几篇文章，"《向亿万建设中国的同胞致敬》《盘古龙之再临》等，倡导爱中国，反对'台独'，反对西方帝国主义。'致敬'文发表正当中国处于政治风波后期，举国沉痛，见我文后，全景振奋。

"如此这般，我已成为反中分子所谓之'爱国狂'矣。旅美侨报连篇累牍责骂我'晚节不保'而投共。香港英文报纸《华尔街日报》刊登专文指责我留学美国，教英美文学为生，而居然反美反英，大表不解。实则彼辈何尝了解我中华民族两百年之深仇大恨——而此深仇大恨今日方得稍稍舒解也。"

（三）主要文章及其内容

1.《向亿万建设中国的同胞致敬》

这篇文章的副标题是"读何新先生文章有感"。

颜元叔的这篇文章就是对何新文章的一个回应。文章分五个部分：

（1）不容洋奴座上宾。

（2）一辈子吃两辈子的苦。

（3）"中国之光"中国人共享。

（4）自中国近代史中解放。

（5）为中国伸冤，为中国宣告。

2.《盘古龙之再临》

这篇文章的副标题是答苏晓康先生。

这篇文章的主要内容有三个：

一是指出大陆40年的建设取得了很大成就。

二是指出苏晓康之流推出的《河殇》是对中国传统的全盘否定，并指出他们是一群不知深浅的"知识孩童"。

三是指出苏晓康之流追求的"民主自由"的卖国本质。

3. 关于反西方民主，反西方自由

香港海峡学术出版社出版颜元叔《一片冰心在沸腾》，收录了他生前所有的爱国文章。其中有相当一部分内容是反美，反西方民主，反西方自由的，甚至是反基督教的。

如《亲美是中国的致命伤》《一切从反西方开始——为〈中外文学〉20周年而写》《邪恶帝国美利坚》《补强何新答记者问》《靠着这个我站着——答〈华尔街日报〉》《从"与狼共舞"谈起》等。

（四）怎么理解颜元叔

"……不理解颜元叔的人，其实是因为不理解中国苦难的现代史，不理解绝大多数中国人在长期遭受欺凌侵略之下所自然形成的强烈的爱国心。……"

他不仅标示了作为一个中国知识分子看待西方的"非奴婢"姿态，也阐释了国际视野下传统家国情怀的应有之义，更展现了对这个苦难民族历史大势的认知自觉。

五、颜元叔的身后评价

余光中在《显极忽隐，令人惆怅》（原载 2013 年 4 月 3 日《深圳特区报》）中评价：

"颜元叔突隐江湖，其原因二十年后仍不得明确，不过对于台湾 20 世纪 70 年代的学府文坛，他刚健的身影，重大的贡献，却十分可观。""虎虎生气的启蒙者、改革者、推动者、论战者，在 70 年代台湾的学府和文坛，是应运而生的主流人物"。

彭镜禧在《开风气之先：怀念恩师颜元叔教授》（原载台湾《文讯》2013.2，作者系台湾大学名誉教授）中评价：

"我心目中的颜老师是一位有远见、有胆识、有担当的开创者。豪气干云的他，一旦认定目标便勇往直前，因而缔造了许多项第一。"

王津平在《做什么样的人？做什么样的中国人？——敬悼恩师颜元叔教授》（原载《一片冰心在沸腾》，海峡学术出版社 2013 年 11 月出版，作者系台湾中华基金会董事长）中评价：

"立言，是不朽的事业，颜元叔已可称不朽。他揭穿邪恶帝国美利坚的真面目，他掏心掏肺向建设中国的亿万同胞致敬。他要做他自己这样的中国人：他，颜元叔，挺着民族脊梁的颜元叔，值得人们向他致敬！"

古远清评价：

"颜元叔是一个有强烈爱国主义精神的学者。他学贯中西，思理神妙，幽默风趣，文采粲然，作品显示出火辣辣的诗人性格和直通通的书生心肠……他的辞世，使台湾文学界凋谢了一位大师，大陆失去了一位肝胆相照的朋友。"

易　军

株洲日报社编委，副编审

第十期

左宗棠与渌江书院

[引子] 中国古代书院的兴起与制度

（一）最早的书院——攸县光石山书院

唐代苏师道在《司空山记》中写道："自（朱阳）观远近，司空遗迹尚可寻访。东南隅有秀峰十三，耸翠卓立，其峰有画瓶、青牛、大莲花、小莲花、紫盖、瑞云、洞门、紫麟、远吟、隐真、回龙、白鹤，名称不一……司空宅在山之西，去观十一里。今殿宇有像，坛井基图，宛然在焉。宅左有光石山书院，故基尚存。北一里有惠光寺，前有洗药池，池水冬温夏凉，异香袭人，掬饮可以愈病。又十里有菩提寺，寺前有池，方广二十丈，其水亦如药池，岁旱不涸，传云司空昔常于此水沐浴，今谓之仙池。又去三十五里有隐真崖，是司空炼药时栖止之地，故崖之左右平石之上有石臼，仅二尺许，臼底微红，犹有药气。傍有石池，方广一丈，水清如鉴。中有荷生，芳华甚异。每花开，五色相间，传云司空种荷之池也。"

司空山，武功山南向余脉，主峰茅庵，海拔791米，坐落在攸县莲塘坳镇阳升观。这座千年古道观系唐玄宗天宝七年（748）敕建。此处有清康熙五年（1666）建的大觉寺。大觉寺建在石山书院遗址。近年攸县在城关文化园重建石山书院，又称光石山书院。

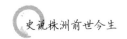

（二）中国古代书院制度完善于南宋时期

宋代朱熹在《白鹿洞书院揭示》中载：

"父子有亲，君臣有义，夫妇有别，长幼有序，朋友有信。

"右五教之目。尧、舜使契为司徒，敬敷五教，即此是也。学者学此而已。而其所以学之之序，亦有五焉，其列如左：

博学之，审问之，慎思之，明辨之，笃行之。

"右为学之序。学、问、思、辨四者，所以穷理也。若夫笃行之事，则自修身以至于处事、接物，亦各有要，其列如左：

言忠信，行笃敬，惩忿窒欲，迁善改过。

"右修身之要。

正其义不谋其利，明其道不计其功。

"右处事之要。

己所不欲，勿施于人。行有不得，反求诸己。

"右接物之要。

熹窃观古昔圣贤所以教人为学之意，莫非使之讲明义理，以修其身，然后推己及人，非徒欲其务记览为词章，以钓声名、取利禄而已也。今人之为学者，则既反是矣。"

一、300 年书院见证文运勃兴

（一）渌江书院的缘起

1. 县府的职责

《唐六典》中记载："京畿及天下诸县令之职，皆掌导扬风化，抚字黎氓，敦四人之业，崇五土之利，养鳏寡，恤孤穷，审察冤屈，躬亲狱讼，务知百姓之疾苦……若籍帐、传驿、仓库、盗贼、河堤、道路，虽有专当官，皆县令兼综焉。"

2. 朝廷的谕令

乾隆元年上谕中记载："书院之制，所以导进人材，广学校所不及。我世宗宪皇帝命设之省会，发帑金以资膏火，恩意至渥也。古者乡学之秀，始升于国，然其时诸侯之国皆有学。今府、州、县学并建，而无递升之法，国子监虽设于京师，而道里辽远，四方之士不能胥会，则书院即古侯国之学也。居讲席者，固宜老成宿望，而从游之士，亦必立品勤学，争自濯磨，俾相观而善。庶人材成就，足备朝廷任使，不负教育之意。若仅攻举业，已为儒者末务，况藉为声气之资、游扬之具，内无益于身心，外无补于民物，即降而求文章成名，是希古之立言者，亦不多得，宁养士之初旨耶？该部即行文各省督抚学政，凡书院之长，必选经明行修、足为多士模范者，以礼聘请；负笈生徒，必择乡里秀异、沉潜学问者，肄业其中。其恃才放诞、佻达不羁之士，不得滥入书院中。酌仿朱子《白鹿洞规条》，立之仪节，以检束其身心；仿《分年读书法》，予之程课，使贯通乎经史。有不率教者，则摈斥勿留。学臣三年任满，咨访考核，如果教术可观，人材兴起，各加奖励。六年之后，著有成效，奏请酌量议叙。诸生中材器尤异者，准令荐举一二，以示鼓励。"

3. 士民的呼声

管乐在《初建渌江书院并劝捐膏火引》中写道："予孟夏来宰是邑，诸务未遑，绅士何子朴山辈告予曰：'醴陵自超然书院既废以来，士无萃涣之地。署县凌侯方谋兴建，事未举而迁任去。公其为我邑之文翁可乎？'予喜邑人士之留心文教，先得我志也。退取邑乘，考之山名君子，洲号状元，池鲤角生，江龙钟化，秀杰之气已见于山川。而有宋吕伯恭先生又尝讲学于此，士感慕奋兴，后世遂建东莱书院以养士。故宋之为理学者二人，为忠良者七人，登进士第者十有五人。元明而后，寖以降矣，夫非养士之泽微欤？然则醴邑之建立书院，又宜急于他邑。今幸邑中绅士裒集，公会多赀，经营相度，鸠工庀材，书院规模，大略已具。又兼列考棚几席，以为将来县试程材之地。"

（二）渌江书院的沿革

1. 创建

乾隆二十年（1755），陈梦元为山长，开馆授徒。

2. 迁建

道光九年（1829）动工，知县陈心炳主持，次年落成，陈作《移建渌江书院记》。

3. 改建

光绪三十年（1904），知县鲁晋改制为"渌江小学堂"。

光绪三十一年（1905），宁调元积极奔走改办中学堂，湖南巡抚端方支持并题写"渌江中学堂"匾额。

（三）渌江书院的影响

（1）培育人才。（2）参与公益。（3）蔚起人文。（4）转移风气。

肖永明在《湖湘文化通史（第三册）》中说，清代湖南书院同全国一样，呈现繁荣强盛之势，而且其制度日趋完善，形成具有不同等级不同类型的完备的书院文化教育体系，社会影响空前扩大，以"惟楚有材，于斯为盛"而傲视群伦。

二、好山长成就名书院

（一）左宗棠任职渌江书院

道光十六年（1836）至道光十七年（1837），左宗棠主讲渌江书院，时年 25 至 26 岁。罗正钧著《左宗棠年谱》载：（陶澍）乃激赏之，询访姓名，敦迫延见，目为奇才，纵论古今，至于达旦，竟订忘年之交。

贺熙龄诗《舟中怀左季高》评曰："六朝花月毫端扫，万里江山眼底横。开口能谈天下事，读书深抱古人情。"

钱基博著《近百年湖南学风》评曰："（左宗棠）出余事为文章，亦复生气远出，磊落英多。仗气爱奇，殊不以唐宋八家为自限，而欲驾驱其上，大抵以汉京之典茂，救宋人之轻狭，略与曾国藩同。"

（二）左宗棠成就渌江书院

道光十七年，《上贺蔗农先生》曰："宗棠来渌上三月余，一以夫子之教为教。此邦人才……才颖俊发、恂恳良谨之士，所在不乏。惜山川僻狭，乡先辈又绝少宏达儒宗，闻见未广，风气斯阂。前数年间，讲席未得其人，黠者益其奸，拙者诲之惰，少年无俚之人，竞以訾薄相长益，以故父兄少娴礼教者辄以子弟入院为非幸事。宗棠初来，凡诸生晋谒，各给日记一本，令其工课随时注载。日入，头门下钥，即查阅工课。如旷废不事事及虚词掩著两次，将本课除去，膏火加与潜心攻苦之人。计七十余日，熟《毛诗》一部及《尚书》二卷。惜此间书籍绝少，学者止能略识字义，未能因文见道，为可惜耳。伏念先儒有云：制外所以养中，养中始能制外，二义互相圆足。因于小学节文内撮取八则，订为学规，以诏学者。月朔望会订工课日记，为之引掖而督勉之。其有不率，则朴责而斥逐之。迩来俱知强勉学问，不谓苦也。"

道光十七年，《与周夫人》曰："初来渌江，即严订学规，诸生各给日记一本，令其将功课随时纪清。日暮门钥既下，即查阅功课，赏勤罚惰，必公必平。又取《小学》八则，订为规条，以诏学者。月之朔望，则会订功课、日记，为之引掖而督勉之，有不率教者，则扑责而斥逐之。迩来人人奋勉，气象一新，并不怨其苛苦，先儒云：'制外所以养中，养中始能制外。'吾既以此训诸生，而自己亦时时省察，不敢怠肆，颇有教学相长之乐。"

道光十七年，《答周汝光》曰："兄与大弟到此间已近一月，身体安适，大弟比在家之日更觉健旺，可转白堂上老人，聊慰慈注。此间规摹较昭潭甚整齐，生童住斋者近六十人，礼数均极周到。兄到此已课两次，每课约改六七篇，本本批点详细，院中各生，无不佩服，兄亦乐之忘疲。"

钱基博著《近百年湖南学风》评价左宗棠主讲渌江书院教学成效："左宗棠先主讲焉，尝依朱子《小学》为学规八则，董课甚严，其后无踵行者，而业亦堕。至正钧踵修坠绪，士习不变。"

三、左宗棠的教育实践与理念

（一）左宗棠的教育（办学）实践与成就

左宗棠的教育实践可分为四个时期：

（1）渌江书院时期：1836—1837。（2）陶氏家塾时期：1840—1847。（3）长沙设馆时期：1849（道光二十九年）。（4）驻节办学时期：1861—1875。

其教育成就可概括为四个方面：

（1）教读学生，培育人才。（2）自修自省，增进知能。（3）厚植资源，以为世用。（4）兴教兴学，以作振兴。

邓洪波先生在《中国书院史》中介绍：

在闽浙总督任上，创建正谊书院于福州招举人、贡生，校补刊印理学名著《正谊堂全书》525卷。在陕甘总督任上，他除经营兰山关中等省城书院之外，还在西北地区新建修复书院37所，其中修复或修整的书院有19所：瀛洲书院（泾阳）、仰止书院（东乐）、鹑觚书院（灵台）、银川书院（宁夏）、河阳书院（静宁）、崇山书院（大通）、洮阳书院（狄道）、蓼泉书院（抚彝）、育英书院（安定）、灵文书院（灵州）、又新书院（平罗）、凤鸣书院（崇信）、鸣沙书院（敦煌）、陇川书院（秦安）、正明书院（阶州）、五泉书院（兰州）、武阳书院（漳县）、洮滨书院（洮州）、榆阳书院（榆阳）。新建的书院则有18所以上：尊经书院（庄浪）、泾干学舍（泾阳）、文明书院（岷州）、襄武书院（陇西）、味经书院（泾阳）、钟灵书院（宁灵）、金山书院（洪水堡）、归儒书院（化平川）、河阴书院（贵德）、南华书院（甘州）、陇南书院（秦州）、庆兴书院（董志塬）、五峰书院（西宁）、湟中书院（西宁）、文社书院（镇番）、鹤峰学舍（三岔镇）、凤池书院（惠安堡）、柳湖书院（平凉），等等。在两江总督任上，他支持学政创建新生代省会书院江阴南菁书院，提倡经史实学，引天文、算学舆地为教学内容。

（二）左宗棠的教育理念

道光二十一年（1841），《与周夫人》曰："少云天资仅中才耳，而颇纯正。近来师弟之情愈加深厚，若本寻常富贵之家，得此佳子弟，便不患箕裘弗继矣。而吾独以为文毅名臣，则其子弟必当有异于凡庸，固不但纡金紫、守田庐不足谓继志述事也。故吾所以教之者，先以义理正其心，继以经济廓其志，至文章之工拙、科名之得失，非所急也。"

光绪八年（1882），《答黄漱兰学使》曰："气运之隆替由乎人才，人才之奋兴在乎作育。此邦旧为人文渊薮，乾、嘉以前，先民代谢，申耆先生犹有典型。迨后好音难嗣，大难随之。居今日而思复古初，田里树畜之外，庠序其尤亟矣。惟校官位卑禄薄，所课者士，而士亦轻之。与之道古，久已鲜能。则欲思造士而冀其有成，非求之书院不可。尊筹所重者，经费宜预谋也，书籍宜博采也，固皆官司应办之事，忝司邦寄，曷敢忘诸。谨当一一遵照办理，别用公牍咨达冰案，径下所司并各局，以规久远。书院岁需膏火，弟意厘项饬拨仍非久局，已饬运司于票费项下划提二万金，解呈尊处发典生息备案，或不至中道废辍，有负盛心。"

光绪十年（1884），《艺学说帖》曰："窃艺事系形而下者之称，然志道、据德、依仁，游艺，为形而上者所不废。《经》称工执艺事以谏，是其有位于朝，与百尔并无同异。况自海上用兵以来，泰西诸邦以机器轮船横行海上，英、法、俄、德又各以船炮互相矜耀，日竞其鲸吞蚕食之谋，乘虚蹈瑕，无所不至。此时而言自强之策，又非师远人之长还以治之不可。宗棠在闽浙总督任内时，力请创造轮船，并有正谊堂书局、求是堂艺局之设，所有管驾、看盘、机器均选用闽中艺局生徒承充。"

左宗棠心系国运与民瘼，继承中华文化优秀传统，努力跟进时代发展，为中国古代教育转型为近代教育，为西北少数民族地区教育发展做出切实而有效的努力。其教育理念可归纳为几点：

（1）系国运。（2）重道德。（3）兴学校。（4）开眼界。（5）育新材。

四、鉴古观今，启示不尽

（一）文化为根

2016年7月1日，习近平总书记在庆祝中国共产党成立95周年大会上的讲话中说："文化自信，是更基础、更广泛、更深厚的自信。在5000多年文明发展中孕育的中华优秀传统文化，在党和人民伟大斗争中孕育的革命文化和社会主义先进文化，积淀着中华民族最深层的精神追求，代表着中华民族

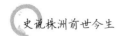

独特的精神标识。"

（二）人师为重

《礼记·学记》中说："记问之学，不足以为人师。"

"经师易遇，人师难遭。"南宋胡三省注曰："经师，谓专门名家、教授有师法者；人师，谓谨身修行，足以范俗者。"

（三）德行为魂

宋代张载说过："志大则才大、事业大，故曰'可大'，又曰'富有'；志久则气久、德性久，故曰'可久'，又曰'日新'。"

（四）学识为基

左宗棠在《崇藩司保禀遵札垫给书院膏火由》中写道："览呈诸生之禀，文理尚可，殊为欣然。本爵大臣四十年前一贫士耳，然颇好读书，日有粗粝两盂，夜有灯油一盏，即思无负此光景。今年垂耳顺，一知半解，都从此时得来，筋骨体肤都从此时练就。边方无奇书可借，惟就四书、五经及传注，昼夕潜心咀嚼，便一生受用不尽。"

[结语] 读历史的方法与价值

读历史，不在闲情逸致，而在时代风云；读历史人物，不仅有逸闻趣事，更有家国天下。宏大的历史过程，是通过一个一个的历史人物与事件连缀而成的，其中的经验教训，也会通过人物的遭际而反映出来。经常地回望过往，是为了更准确地把握现在，也是为了更好地走向未来。我理解，对事业发展，对个人成长，这是很有意义的事！

参考书目

[1] 赵伟：《渌江书院的兴盛与变革：清代地方书院运行实态》，湖南大

学出版社，2019 年。

[2] 秦翰才：《左宗棠全传》，中华书局，2016 年。

[3] 邓洪波：《中国书院史》，东方出版中心，2006 年。

[4] 钱基博：《近百年湖南学风》，岳麓书社，2009 年。

[5]〔清〕左宗棠撰、刘泱泱等校点：《左宗棠全集》，岳麓书社，2014 年。

[6]〔清〕王夫之：《船山遗书》，北京出版社，1999 年。

姜野军

株洲市教师培训中心主任，湖南省特级教师，

湖南工业大学硕士研究生导师，

湖南省教育科学"十三五"规划课题咨询评审专家

第十一期

李东阳和茶陵诗派

　　李东阳（1447—1516），字宾之，号西涯，湖广茶陵（今湖南省茶陵县）人，明代著名政治家、文学家、书法家。

　　作为政治家，他一度官至内阁首辅，人或誉之"卧薪尝胆，保全良善"，亦得谤之"随波逐流，贪恋禄位"；作为文学家，一生著述丰厚，他开创的茶陵诗派在明代文学史上有着承前启后的重要地位，在古代文学史上熠熠生辉。他幼承家训，长于篆、隶、楷、行、草书，是明初台阁体书法向明中期吴门书法过渡期间的书法家，风格自成一家。如果说长期居处现名"积水潭"的西涯可谓李东阳的诗意栖息之所，那么，茶陵于李东阳而言，不仅仅是祖籍之地，也是茶陵一派文脉的发轫之地。唯此，李东阳方得以宰臣身份主文柄，天下翕然宗之。

一、楚人而燕产

（一）一家三世客幽豳（bīn）

1. 父祖福荫

　　"东阳楚人而燕产。"（李东阳《蜀山苏公祠堂记》）

　　"予实京产。"（李东阳《山行记》）

　　"李东阳，字宾之，茶陵人，以戍籍居京师。"（《明史·李东阳传》）

　　曾祖父：李文祥，"文正曾祖，洪武初，以兵籍隶燕山右护卫"。（清·法

式善《明大学士李文正公畏吾村墓碑文》）

祖父：李允兴，"其祖方幼，挈与俱来，稍长，即代父役靖难兵起，有功弗见录，以艺简内局，制军器作贾为养以终"。（清·法式善《明大学士李文正公畏吾村墓碑文》）

父亲：李淳，"父名淳，金吾卫军余。微时为渡子"。（明·蒋一葵《尧山堂外纪》）

结语：从曾祖一辈就迁徙京城，出身于低微的军籍，但李东阳仍旧反复强调自己的祖籍地与出生地。于李东阳而言，楚地是割不断的血脉，燕地见证了他的人生历程。

2. 父辈影响

书法：推衍"永"字八法。（《明李憩庵先生八十四法》）

孝顺：喂父亲汤药，为母吸痰……

严格慈爱："朔风凛凛雪漫漫，诗酒棋枰取次欢。何事尔情犹未洽，冰霜不问仆夫寒。"（《文后稿》卷八《先考赠少傅府君诰命碑阴记》，李淳作）

善良："有阴德，遇异人，为择吉地，瘗（yì）祖父骨。"（清·法式善《明大学士李文正公畏吾村墓碑文》）

结语：家庭背景与家人影响，以及巨蟹男外柔内刚懂得自我保护的性格，都为李东阳的人生埋下了伏笔，在适时的阶段，回头来看时，才发现原来应照在此处。

（二）少年争说李东阳

1. 天才儿童

"四岁能作径尺书，景帝召试之，甚喜，抱置膝上，赐果钞。"（《明史·李东阳传》）

李东阳四五岁即能运笔作大字，顺天府以"神童"荐召入内庭。过门限，太监云："神童脚短。"李高声答云："天子门高。"即闻于上，景皇命书麟、凤、龟、龙十余字，大喜，抱置怀中，赐果、镪（qiǎng），令翰林院作养。公此时入朝，小红履一双，白绫袜一双，后为耿天台所得，贮以一箧，自撰小文记之。

6岁、8岁两次召见，讲《尚书》大义，命入京学。

2. 少年成名

天顺六年（1462），参加顺天乡试，中举。（16岁）顺天府135名举人中，年龄最小。

天顺七年（1463），参加会试礼部，中第一百八十五名。（17岁）

天顺八年（1464），参加殿试中二甲第一，选为庶吉士。（18岁）

"金鞲细马出明光，碧色罗衣锦绣香。

行过玉河三百骑，少年争说李东阳。"

同年新科进士陆钺（1439年生，比李东阳大8岁，一甲第二名榜眼）在《琼林醉归图》中描写琼林宴盛况。（是年，状元彭教27岁，探花罗璟33岁，后来成为朋友的谢铎当时31岁。）

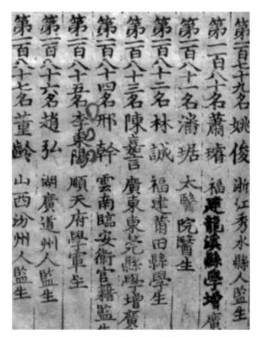

天顺七年会试榜单

结语：父亲书法影响，自幼聪颖过人，让李东阳少年即成名。18岁以庶吉士身份入翰林院，庶吉士被时下文人称之为"储相"，也为他后来入内阁打下了基础。

（三）局馆幸多闲岁月

1. 初入翰林

天顺八年（1464），以庶吉士身份入翰林院（18岁）；

成化元年（1465），被任命为翰林院编修（19岁）。

2. 翰苑风流

十载词坛看敌手，先生未有折锋时。（邵珪《过李西涯，出示新稿，归途有和》）（《宴集文会录》《诗前稿》《联句录》）

李东阳的翰林院闲适生活可见一斑：

"七碗清风自六安（李东阳），每随佳兴入诗坛（萧显）。

纤芽出土春雷动（李士实），活火当炉夜雪残（李东阳）。

陆羽旧经遗上品（萧显），高阳醉客辟清欢（李士实）。

何时一酌中泠水（李士实），重试君谟小凤团（萧显）。"（《咏六安茶》）

西涯李学士宾之家有蔬圃，种丝瓜，岁结实甚盛。偶分以馈友人之未有子者，取"绵"之义，而祝以诗。适友人得男，以瓜祝为验。自是凡未有子者，必徯其馈。石城李学士世贤适未有子，西涯馈而祝之，一乳两男，由效益自神其瓜与诗。诗出必要人和，不肯但已，士友间相传为嘉话。而石城之卷自西涯倡之，和者数十。其事在成化己亥、庚子之间。（程敏政《瓜祝唱和诗序》）

3. 翰林卅载

"十五年来无寸补，一心惟有向时丹。"（《诗前稿》卷十二《庆成宴有述》）

"玉堂去天才一蹴，不见罡风起鸿鹄。"（《诗前稿》卷九《苦热行》）

"丹心未老将白头，犹是当年献策身。"（《诗前稿》卷十七《十九日恩荣宴席上作》）

结语：翰林院的生活显然是青年李东阳很享受的一段时光，经世之学、经史研习、诗文书法，还有同年同僚间联句酬和。即便担任编修、侍讲，除

此之外也都是闲事。但李东阳也同样有着古代文人的仕宦情结，30 年的翰林院日子的确显得冗长了。据史料记载，"以貌寝，好诙谐，不为时宰所器"才是他不受重用的重要原因。这种现状终于在他 46 岁那年有了转机。

（四）受命黄阁掌丝纶

1. 初入内阁

（1）政事：谏止弊政、代祀阙里、议整盐政、备边谏议

"力尽丹青空藻绘，眼看红紫漫芬菲。"（《诗后稿》卷五《内阁赏芍药，次少傅徐先生韵四首》其三）

"近臣常造膝，阁老不呼名。道合君臣义，恩深父子情。"（《诗后稿》卷四《缺题》）

"馈饷屯种，豫其富也；弓甲鞍马，豫其利也；城郭沟堑，豫其固也；作止围援，豫其习也；斥堠间谍，豫其明也；号令赏罚，豫其行也。"（《西北备边事宜状》）

（2）文事：《怀麓堂稿》《怀麓堂诗话》《燕对录》，以及茶陵诗派

"李文正当国时，每日朝罢，则门生群集其家，皆海内名流，其座上常满，殆无虚日，谈文讲艺，绝口不及势利。其文章亦足领袖一时。正恐兴事建功，或自有人。若论风流儒雅，虽前代宰相中亦罕见其比也。"（《明史·李东阳传》）

"李西涯长于诗文，力以主张斯道为己任。后进有文者，如江石潭、邵二泉、钱鹤滩、顾东江、储柴墟、何燕泉辈，皆出其门。"

2. 委屈匡持

政事：暖阁受命、经筵讲读、保护良善、助诸乱贼

"碧桃宴已归天上，玉几言犹似梦中。"（《诗后稿》卷八）

"曾侍宫筵入桂房，又开经幄引鹓行。"（《诗后稿》卷七《初开经筵纪事》）

"十年黄阁掌丝纶，共作先朝顾命臣。天外冥鸿君得志，池边蹲凤我何人？"（《诗后稿》卷七《木斋先生将登舟，以诗见寄，次韵二首》其一）

结语：明孝宗朱祐樘对李东阳可谓有知遇之恩，也正是这份知遇之恩及后来的临终托孤，让李东阳在刘瑾把持政局的恶劣条件下，委曲匡扶正德皇帝。这份隐忍出于对孝宗的报恩，也是他性格所致。正是基于他的委曲，一批清流才得以保全，刘瑾也终被诛灭。此时，李东阳也终得致仕。

二、西涯与茶陵

（一）一日归止一日怀止

1. 诗意栖息——西涯

（1）西涯考："至于西涯，则今之积水潭无疑。潭即水关，在诸河极西，林木丛郁，水石清幽。"

李东阳故宅考："盖广福观（鼓楼斜街）之南，响闸（万宁桥澄清闸）之西，月桥（三座桥）之南，海潮寺之东，地名煤厂（什刹海后西南岸西煤厂胡同），文正故第当在是。"（清·法式善《西涯考》）

（2）西涯诗：《西涯杂咏十二首》《重经西涯》等

2. 文脉发轫——茶陵

（1）唯一一次返乡之旅

"吾祖自西平王十六世系庆远公，落业茶乡陇溪中洲迄今二十世矣。仰沐先泽，子孙蕃衍间，书香化宦，代不乏人。至前明洪武初年二十二世祖文祥公，以戎籍居京师，生二十五世祖东阳公，历官大师，谥文正，其后迁居山东……至今文正公之后裔，落业曲阜，仍称茶陵李氏焉。"（《石湖派系支谱序》）

"成化壬辰岁二月，予得告归茶陵，奉家君编修公以行，至则省始祖州佐公及高祖处士府君之墓。既合族序，燕居十有八日，乃北返。以八月末入见于朝。盖阅七月而毕事。"（李东阳《怀麓堂集·南行稿序》）

"近奉丝纶出九天，远从闾阖望群仙。云霄别路八千里，江汉归心二十年。旧垄松楸还楚地，故人诗话满吴船。微官未敢轻离思，不待秋风棹已旋。"（李东阳《南行稿·留别京中诸友》）

（2）茶陵诗作

《六月九日初度诸族父兄皆会感而有作》《茶陵竹枝歌》《荷木坪二十韵》《雷公峡二十韵》等。

结语：二十六岁时唯一的茶陵返乡之旅，历时七个多月，途中所见风土人情、民生疾苦，让李东阳的诗作风格渐渐转变，他后来的诗文中既多了许多性情，又添了许多忧患意识。

（二）台阁与山林

1.台阁体

明朝永乐至成化年间，文坛上出现一种所谓"台阁体"诗。台阁主要指当时的内阁与翰林院，又称为"馆阁"，以当时馆阁文臣杨士奇、杨荣、杨溥（号称"三杨"）为代表，"三杨"都是当时的台阁重臣，故称"台阁体"。杨士奇（1365—1444），名寓，字士奇，官至华盖殿大学士。杨荣（1371—1440），字勉仁，官至文渊阁大学士。杨溥（1372—1446），字弘济，官至武英殿大学士。

台阁体诗文内容大多比较贫乏，多为应制、题赠、应酬而作，题材常是"颂圣德，歌太平"，艺术上追求平正典雅。如杨士奇《送给事中姚山赴河南金宪》、杨荣《元夕赐观灯》、杨溥《宣德丙午扈驾巡边途中感兴》等。

2.山林诗

"昔人之论文者曰：有山林之文，有台阁之文。山林之文，其气枯似槁；台阁之文，其气丽以雄。岂非天之降才尔殊也，亦以所居之地不同，故其发于言辞之或异耳。濂尝以此而求诸家之诗，其见于山林者，无非风云月露之形、花木虫鱼之玩、山川原隰之胜而已。然其情也曲以畅，故其音也眇以幽。若夫处台阁则不然，览乎城观宫阙之状，典章文物之懿，甲兵卒乘之雄，华夷会同之盛，所以恢廓其心胸，踔厉其志气者，无不厚也，无不硕也。故不发则已，发则其音淳庞而雍容，铿鍧而镗鞳。"（宋濂《汪右丞诗集序》）

馆阁之文，铺典章，裨道化，其体盖典则正大，明而不晦，达而不滞，而惟适于用。山林之文，尚志节，远声利，其体则清耸奇峻，涤陈薙冗，以

成一家之论。二者，固皆天下所不可无，而要其极，有不能合者。"（李东阳《倪文禧公集序》）

"作山林诗易，作台阁诗难。山林诗或失之野，台阁诗或失之俗。野可犯，俗不可犯也。盖惟李杜能兼二者之妙。若贾浪仙之山林，则野矣；白乐天之台阁，则近乎俗矣。况其下者乎？"（李东阳《麓堂诗话》）

3. 李东阳立场

台阁——城市、宫廷

山林——江湖、草野（地域之分、身份之别）

生于京城、长于京城、成名在京城、埋骨在京城，李东阳的庙堂山林观到底如何？

"江湖廊庙皆心事，城市山林且岁华。"（《送陈昌举会试毕还无锡》）

"若见王郎烦问讯，庙廊终不异江湖。"（《寄方石先生，附王存斋知府》）

"奖恬激儒清朝事，廊庙山林总是恩。"（《次韵方石归来园韵》）

这些诗句渗透台阁之气，浸淫山林之趣。

4. 李东阳台阁诗

如《元日早朝》《次韵贺彭阁老先生（二首）其一》《厓山大忠祠》《内阁尝芍药》等。

5. 诗风转变

如《重游西涯次韵方石》《重经西涯》《游岳麓寺》《寄彭民望》《沧浪吟》《易水行》《闻鸡行》《诗后稿　偶梦得一诗》等。

结语：

西涯诗风——

主题内容：台阁之事、归隐之思、忧患意识

轶宋窥唐：台阁与山林交融、深厚浑雄、古意隽永

（三）天下翕然宗之

1. 诗学主张

"诗在六经中别是一教，盖六艺中之乐也。乐始于诗，终于律，人声和

则乐声和。又取其声之和者，以陶写情性，感发志意，动汤血脉，流通精神，有至于手舞足蹈而不自觉者。"

"诗必有具眼，亦必有具耳。眼主格，耳主声。闻琴断，知为第几弦，此具耳也；月下隔窗辨五色线，此具眼也。"

"唐诗李杜之外，孟浩然王摩诘足称大家。王诗丰缛而不华靡，孟却专心古澹，而悠远深厚，自无寒俭枯瘠之病。由此言之，则孟为尤胜。"

"陶诗质厚近古，愈读而愈见其妙。韦应物稍失之平易，柳子厚则过于精刻，世称陶韦，又称韦柳，特概言之。惟谓学陶者，须自韦柳而入，乃为正耳。"

"秀才作诗不脱俗，谓之'头巾气'；和尚作诗不脱俗，谓之'馇馅气'；咏闺阁过于华艳，谓之'脂粉气'。能脱此三气，则不俗矣。至于朝廷典则之诗，谓之'台阁气'；隐逸恬澹之诗，谓之'山林气'，此二气者，必有其一，却不可少。"

"'鸡声茅店月，人迹板桥霜。'人但知其能道羁愁野况于言意之表，不知二句中不用一二闲字，止提掇出紧关物色字样，而音韵铿锵，意象具足，始为难得。若强排硬叠，不论其字面之清浊，音韵之谐舛，而云我能写景用事，岂可哉？"（《怀麓堂诗话》）

2. 西涯文章

（1）小品文，如《游西山记》《记女医》《移树说》等。

（2）祭文辞赋，如《祭彭民望文》《荆溪赋》等。

3. 诗文评价

"亦台阁，亦风流，虽稍从宋人，亦不许唐人相傲，西涯幸有此手笔。"（王夫之：评《西山和汪时用兵部韵》）

"语但平直，思实曲折，气不矜厉，神自凌忽，钱受之一流人那得到他津涘，似我者死而已矣。"（王夫之：评《章恭毅公挽诗》）

"先生之诗独步斯世，若杜之在唐，苏之在宋，虞伯生之在元，集诸家之长而大成之。"（李东阳：《麓堂诗活》卷首王铎序）

"西涯李阁老以诗文雄海内，具耳鼻眼孔者皆知敬之。"（游潜《梦蕉

诗话》）

"成化以还，诗道旁落，唐人风致，几于尽隳。独李文正才具宏通，格律严整，高步一时，兴起李、何，厥功甚伟。"（胡应麟《诗薮》）

结语：

李西涯诗：台阁与山林交融、深厚浑雄、古意隽永

李西涯文：诗话第一，小品文赋第二，政论次之

西涯燕集：座上常满，殆无虚日

西涯及诸子：起衰救弊，揄扬风雅

"长于诗文，力主张斯道为己任。"

"弘治时，宰相李东阳主文柄，天下翕然宗之。"（《明史·李梦阳传》）

（四）焕然开生面

1."茶陵诗派"形成

"（顾清）诗颇婉丽清新，文亦醇炼，在茶陵派内，可谓不失典型。"（《四库全书简明目录》卷十八 顾清《东江家藏集》提要）

"文庄（邵宝）诗格平衍，其蕴藉入古处，则学为之也。在茶陵诗派中，不失为第二流。"（清·陈田《明诗纪事》丙签卷八《邵宝》）

"吾友程梦阳读怀麓之诗，为之擿发其指意，洗刷其眉宇，百五十年之后，西涯一派焕然复开生面。"（钱谦益《列朝诗集小传》丙集《李少师东阳》）

别于台阁体的平正典丽、格调雍容，茶陵诗派诗作注入了对个人情感的关注和对民生的关心，诗歌呈现出清新淡雅、苍凉沉郁两种风格倾向，或意境淡雅、趣味横生，或顿挫沉郁、忧国忧民。茶陵诗派从理论到实践都对台阁体进行了反拨，使得诗歌创作朝着正常的轨迹发展，也开启了前后七子"复古运动"的先声。

2."茶陵诗派"成员

宗主：李东阳

成员组成：

其一，同科、同入翰林院者：谢铎、张泰、陆釴；

其二，同朝为官、诗文唱和者：程敏政、乔宇、吴宽、王鏊、钱福、陈音、庄昶等；

其三，乡试、会试、殿试读卷官门生：彭民望、杨慎、邵宝、顾清、何孟春、石珤、罗玘、鲁铎等。——茶陵之光焰

结语：

茶陵诗派开山于明，李东阳及诗派成员在明代诗歌颓靡之际，起到了起衰救弊、揄扬风雅的作用，为当时诗坛带来了生机。李东阳有创作实绩，有理论研究，且有平台简拔青年才俊，诗派形成自然而然。

（五）风流弘长衣被海内

"历官馆阁，四十年不出国门，奖成后学，推挽才俊，风流弘长，衣被海内，学士大夫出其门墙者，文章学术，粲然有所成就，必曰：'此西涯先生之门人也。'"（《列朝诗集》）

茶陵派代表诗人诗作——

宿资胜寺与王文玙进士夜谈
程敏政
载酒朝相过，论心夜未中。

卧残禅室冷，谈彻讲堂空。

香篆销轻缕，灯花落小红。

好怀摅不尽，钟起院墙东。

复 生
王 鏊
万生扰扰咸归尽，尽处还延世尽惊。

挥环且非羊叔子，折矢乃若徐佐卿。

庭畔枯株有由蘖，云间晦月哉生明。
相知相见莫相讶，昔时子政今更生。

邸　报
谢　铎

北窗幽梦正逡巡，忽听南来邸报频。
鸣马一空还立仗，震雷百里尚惊人。
痴心敢自浑忘世，浪迹犹怜未绝尘。
感慨不知图报地，白头羞杀老词臣。

立春日招味苓尝酒
顾　清

东窗小鸟聒清晨，坐拥青绫忆古人。
心醉六经千古事，眼看七十四回春。
芒鞋不踏纷华地，藤杖能扶健在身。
梅萼茶花待公久，一杯来试雪香新。

旅夜酬西涯
彭民望

急鼓春城暮，高枝宿鸟惊。
风云犹壮志，杯酒且闲情。
流落依朋友，驱驰愧弟兄。
床头插孤剑，夜夜电光生。
落落余生在，三年歧路中。
凄凉闻过雁，漂泊叹飞蓬。
愧我非东野，惟君是孔融。
只因天上月，照见此心同。

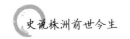

五月七日先皇帝忌辰次涯翁先生诗韵

杨一清

白头攀望鼎湖弓，犹忆含香侍从同。

周咏恩深余《湛露》，虞弦响绝更薰风。

伤心遗诏龙沙外，注目宸容豹尾中。

六载归朝无寸补，轻车空踏软尘红。

定山歌

庄　昶

定山不与灵山白，万古江淮一峰碧。

青天作盖拥层巅，北斗当空挂岩石。

我今借此一榻云，欲与希夷华山敌。

豪来得句不肯眠，醉笔一挥千丈壁。

洮岷道中

何孟春

景色来西徼，萧条信远方。

水分羌部落，山绝汉封疆。

几处青稞熟，深忧白雨伤。

荒城谁为守，十室九逋亡。

明日歌

钱　福

明日复明日，明日何其多。

我生待明日，万事成蹉跎。

世人若被明日累，春去秋来老将至。

朝看水东流，暮看日西坠。

百年明日能几何？请君听我明日歌。

临江仙

杨　慎

滚滚长江东逝水，浪花淘尽英雄。

是非成败转头空。青山依旧在，几度夕阳红。

白发渔樵江渚上，惯看秋月春风。

一壶浊酒喜相逢。古今多少事，都付笑谈中。

三竺道中

邵　宝

人行松径静，数里不知遥。

路转还逢寺，僧迎只过桥。

岩姿收独妙，泉响息群嚣。

东去频回首，山花似我邀。

结语：这些诗作或清新秀丽，或沉郁顿挫，或生趣盎然，或淡泊疏朗，或豪迈不群……他们大多在馆阁而试图寻找心灵的宁静和灵魂的出路，将目光投向下层人民的日常生活和对国家命运的担忧，是诗人们现实主义精神的体现。

三、诗文余事

（一）笔力矫健成一家

1. 书法成就

明代评价：

"涯翁篆胜古隶，古隶胜真、行、草。"（王世贞）

"东阳草书，笔力矫健成一家，小篆清劲入妙。"（詹景凤《詹氏小辨》）

"长沙公大草，中古绝技也！玲珑飞动，不可按抑，而纯雅之色，如精金美玉，毫无怒张蹈厉之态，盖天资清澈，全不带渣滓以出。"（安世凤《墨林快事》）

2. 书法欣赏

释文：藏真自序

怀素《自叙帖》引首篆书

释文：

醉翁常恨作书难，道是撑船上急滩。毕竟晚年多自得，尽留风韵与人看。

宋代书家自不孤，当时只许蔡君谟。若将晋法论真印，此老风流世亦无。

结语：有明一代出现了许多书法大家，董其昌、王铎、徐渭、祝枝山、文徵明、王宠、傅山……我个人喜欢王铎和董其昌。董其昌心平气和，透着清闲，圆润细劲，犹如冬雪中透着勃勃生机。王铎书法奇崛，笔力雄劲，有时甚至有风雷滚滚之感。做了贰臣后，渐渐沉稳高古，但又孤冷了。我认为，今人低估了李东阳书法，或者说，他的文学成就太过耀眼，掩盖了书法成就。

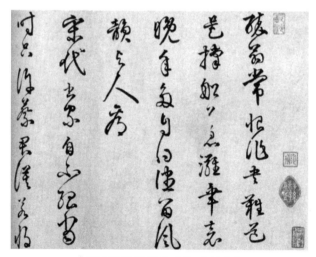

《跋欧阳修灼艾帖后》（部分）

（二）盖棺定论文正公

1. 是非功过

【谤之者】

清朝褚人获《坚瓠集》："李西涯东阳柄政，无救世乱。"

明朝陆沧浪："才名直与斗山齐，伴食中书日又西。回首湘江春草绿，鹧鸪啼罢子归啼。"

【誉之者】

明朝耿定向《先进遗风》："公委曲周旋，多所全济，众颇赖之。"

李东阳："若今道路谤责之言，洋洋盈耳，仆曷尝置一喙于其间哉？顾进退之迹，无以自明。"

"一日立乎其位，则一日业乎其官。"

2. 盖棺定论

"为文典雅流丽，朝廷大著作多出其手。工篆隶书，碑版篇翰流播四裔。奖成后进，推挽才彦，学士大夫出其门者，悉粲然有所成就。自明兴以来，宰臣以文章领袖缙绅者，杨士奇后，东阳而已。立朝五十年，清节不渝。既罢政居家，请诗文书篆者填塞户限，颇资以给朝夕。"

"正德十一年(1516)七月二十日，李东阳病逝。明武宗追赠李东阳太师，谥文正。"

结语：自古谥号"文正"者，均为文人君子、能臣贤臣，有经纬天地之能，又道德博闻，清节正直，人品端方。如范仲淹、司马光、方孝孺、曾国藩等。司马光曾言："文正是谥之极美，无以复加。"无论当时的人们对李东阳的评价如何，一个"文正"的谥号总算对他盖棺定论了。

3. 曲终

"阳羡卜居空有约，汝南会老更无期。"（明·谢迁《哭李西涯》）

王　亚

作家，出版散文集《吃茶见诗》《此岸流水彼岸花》

《一些闲时》《声色记》《今生最爱李清照》等

第十二期

李东阳书画艺术

一、李东阳其人及其家世

（一）李东阳先世

李东阳祖籍可上溯到甘肃省定西市临洮县。开基祖为西平忠武王李晟。李晟（727—793），字良器。唐将领，历唐玄宗李隆基、唐肃宗李亨、唐代宗李豫、唐德宗李适四朝，洮州临潭（属甘肃）人。初在西北边镇任裨将，屡立战功，后调任右神策军都将。德宗时，率军讨伐藩镇田悦、朱滔、王武俊的叛乱，后任凤翔、陇右节度等使，兼四镇、北庭行营副元帅，封西平郡王。

西平忠武王李晟第十子李宪为观察使，始居江西。江西观察使李宪之八世李馀始迁茶陵㟽溪之中洲。

茶陵㟽溪中洲开基祖李馀（茶陵州同知），历十世至李东阳。世系如下：一世李馀，二世李时珍，三世李伯瑜，四世李仁淑，五世李元芳，六世李达，七世李文祥，八世李允兴，九世李淳，十世李东阳。

茶陵㟽溪中洲李氏人才辈出。十世出四进士，这在湖南乃至全国都属罕见。四进士分别是一世祖李馀（茶陵州同知，进士）、四世祖李祥淑（进士）、六世族高祖李祁（进士，榜眼）、十世李东阳（进士，二甲一名）。

其中，族人中对李东阳影响最大的要数族高祖李祁。李祁（1299—1372，注：关于李祁的生卒年详见拙作《李东阳与〈清明上河图〉》一文，考证甚详。），元代遗民，字一初，号希蘧翁、危行翁、望八老人、不二心老人（意思是忠于元朝，不怀二心），湖南茶陵州人。元统元年（1333）进士，一甲二名，榜眼。李祁得中榜眼后，授应奉翰林（皇帝机要秘书）文字。当时农民起义爆发，元朝统治岌岌可危。李祁母老就养江南，李祁改任婺源州同知。累迁江浙儒学副提举。以后，由于母亲去世，回乡服丧，李祁归隐江西永新，再后又躲避乱世，藏入云阳山中，以著述授徒为生，对茶陵文化与教育发展影响极大。有《云阳先生集》等行世。

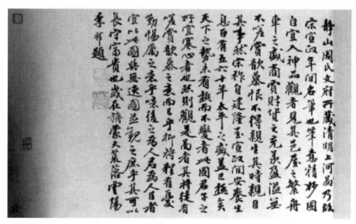

李祁跋《清明上河图》

据茶陵砻溪中洲族谱可知，李氏一世李馀一直到六世高祖李达（李戊七）世居茶陵。七世曾祖父李文祥，生于茶陵，戍居北京。明洪武（1368—1398）初，在茶陵参加"义兵"，其所在番号"济南卫"后改为"燕山左护卫"，明成祖迁都北京后改称"金吾左卫"，属皇城守卫军。后以"兵籍"住居北京。由于不服北方水土，加之语言不通，不久死于北京，葬于北京西边畏吾村。从此畏吾村成为李东阳一族的祖坟地。八世祖父李允兴，生于郴州（军队行营），随父部队经济南至北京，在北京长大后，代父服兵役。后参加燕王朱棣部队，燕王朱棣夺取帝位之后，李允兴有军功应当封官禄，然办事官索贿三斗米（一斗米值千钱），他断然拒绝曰："官岂可贿得！"始终不送米，故得一名小旗。《明史·兵志》曰："十人为一小旗"，相当于一个小班长。后因病退伍，迁居北京海子西涯，以开小店铺为生。九世为父亲李淳，生于北京，居北京。生于明成祖永乐十五年（1417），卒于明宪宗成化二十二年（1486）。曾为船夫，心地善良，同情人民疾苦，经常不收钱。后来学习文化，曾参加过科举考试，失败后不追求官名官职，以教私塾为生。成化十四年（1478）春，李东阳任礼部会试同考官，有一南方士子送300两银子，李淳拒收，贿赂者说"不犹愈于贷乎"。李淳怒道："父子宁穷死，岂可不义辱！"又以"薏米"故事告诫李东阳"慎勿纳其贿，虽吾所爱，亦不可拿"。十世李东阳，生于北京，居于北京。成化八年（1472），26岁的李东阳随父亲李淳、携18岁的三弟东川回湖南茶陵高垅龙匣省墓，在茶陵居住了18天。

（二）李东阳其人

据《明史·李东阳传》和同门师弟杨一清（1454—1530，11岁迁居湖南巴陵，东阳同乡挚友）为其撰写的《墓志铭》可知，李东阳，字宾之，号西涯，湖广长沙府茶陵人。祖籍茶陵，以祖戍籍而隶燕山，用他自己在《蜀山苏公祠堂记》的话说"东阳楚人而燕产"。李东阳生于明正统十二年（丁卯，1447）六月九日，卒于明正德十一年（丙子，1516）七月二十日，享年七十岁，谥文正。

历明英宗朱祁镇正统（1447—1449）3年；明代宗朱祁钰景泰（1450—1456）7年；明英宗朱祁镇天顺（1457—1464）8年；明宪宗朱见深成化（1465—1487）23年；明孝宗朱祐樘弘治（1488—1505）18年；明武宗朱厚照正德（1506—1516）11年。历六朝（又为五朝，朱祁镇两登皇位）70年，两朝（18年）阁老，两朝（15年）宰相，一朝（7年）首辅。

李东阳一生可分为五个时期。

1. 神童时代（1—8岁）

明代宗景泰元年（1450），4岁，能诗书，特别擅长大字书法，被称为"神童"，得到景帝召见，现场对对子，写大字书法，获赐果钞。

明代宗景泰三年（1452），6岁，又得到景帝召见，诏讲《尚书》大意。

明代宗景泰三年（1452），8岁，再度被景帝召见，复诏讲《尚书》大意，称旨，送顺天府学为诸生。陈俊掌教事，殊见优遇。

2. 顺天府学求学时代（8—18岁）

明英宗天顺元年（1457），11岁，湖南华容黎淳举进士第一（状元），宾之从之受举业。黎淳弟子中有楚地三杰，分别为李东阳、刘大厦、杨一清。1461年，当时李东阳15岁，杨一清8岁，刘大厦24岁，三位同学于乡贤状元黎淳。刘大厦，华容人，6岁随父进京，受到杨溥称许，"为之定名大厦"。15岁拜黎淳为师，学于龙峰书院，天顺三年（1459）湖广乡试第一（解元），天顺八年（1464）27岁与李东阳同科进士，同选为庶吉士，累官兵部尚书，深受明孝宗宠遇。杨一清，巴陵人，7岁拜黎淳为师。8岁以神童荐入翰林，14岁参加乡试荐为翰林秀才，19岁中进士。成化八年（1472）进士，内阁首辅，与同门师兄李东阳里应外合计除刘瑾。

明英宗天顺七年（1463），17岁，仍游顺天府学。二月，会试礼部，陈文、柯潜为考试官，因他故而改期。

此时期一直在顺天府学学习，为考进士做准备。

3. 30年翰林院生活时期（18—56岁）

明英宗朱祁镇天顺八年（1464）中进士，获二甲第一好成绩，成为庶吉士，开始步入宰相生涯的第一步，至明孝宗朱祐樘弘治六年（1493）即从18岁至47岁，在翰林院供职30年。

明英宗朱祁镇天顺八年（1464）选为庶吉士，一共18人。其中，成为宰相者仅李东阳与焦芳二人，成为首辅者唯李东阳一人。

明宪宗朱见深成化元年（1465）翰林院编修，至明宪宗朱见深成化九年（1473），共9年。此段时间默默无闻的历练，可圈者二，有《英宗实录》、南行省墓。

明宪宗朱见深成化十年（1474）至成化十八年（1482）翰林院侍讲，共计9年，向皇帝或东宫太子讲读经史。此段时间不被重，可圈者仅有成化十六年（1480）时年34岁兼任应天府（南京）乡试考试官。

明宪宗朱见深成化十九年（1483）至明孝宗朱祐樘弘治六年（1493）任翰林院侍讲学士，共计11年。可圈者有三。一、弘治五年（1492）担任皇帝的经筵官，与皇帝写讲稿和讲课（两三年时间）。二、纂修《宪宗实录》。三、担任科举考试官。明宪宗朱见深成化二十年（1484）充任殿试读卷官。明宪宗朱见深成化二十二年（1486）为顺天府乡试考试官。明孝宗朱祐樘弘治三年（1490）充任殿试读卷官。明孝宗朱祐樘弘治六年（1493）为会试考试官。

此段时间，共计 30 年，总体来说"不关政务""优闲无事""以文字为职业"，属不受重用时期，实为韬光养晦时期，也是文学创作与书画艺术研究与创作的黄金时期。

此段时间里李东阳曾于 26 岁回茶陵省墓，与株洲、茶陵有密切关系，对此详讲其全过程。

明宪宗成化八年（1472），李东阳 26 岁，二月至八月，奉父携弟，乘舟南归茶陵省墓，足迹所至，系之以诗，汇为《南行稿》。燕居（茶陵）十有八日。

关于南行茶陵省墓路线李东阳在《南行稿·序》记载甚详，曰："出东鲁，观旧都，上武昌，溯洞庭，经长沙"，然后"由茶陵下吉安，历南昌，涉浙江"。

全程共分两个阶段。第一阶段：南下。由北京经过运河到山东，然后到南京，经长江，到长沙，最后到茶陵。第二阶段：北上。在茶陵燕居十有八天，而后返棹北上。过永新，下吉安，历南昌，涉钱塘，游西湖，经吴县，皆有诗。

在此，重点介绍李东阳省墓湖南境内经过。

岳阳：在武昌下至洞庭湖，来到岳阳楼（因为新建未能登上岳阳楼远眺），写有《登岳阳新楼》诗。

长沙：经湘江下游登上长沙岸来到长沙。时间为阳历四月下旬至五月。长沙府太守钱澍陪他拜谒太平街上的贾谊祠，写有《汉长沙王太傅贾公祠记》；登岳麓山，写有《与钱太守诸公游岳麓寺四首，席上作》《燕长沙府，席上作》《燕长沙卫，席上作》《宋知潭州李忠烈公祠记》《长沙府学尊经阁记》，还写了《长沙竹枝歌十首》《浮居户》《竞渡谣》《长沙道中》等诗。

茶陵：由长沙南郊出发，经过株洲市、醴陵市、攸县，到茶陵、高垅龙匣。时间是阳历六月初。先来到荷木坪，祭扫高祖李戊七（李达）坟墓，写有《高祖戊七府君墓表》《祭高祖处士府君墓文》和《荷木坪二十韵》纪事。后到邻近的江西永新县雷公峡祭扫族高祖李祁坟墓，写有《祭族高祖提举府君文》

和《雷公峡二十韵》纪事。再后又从李祁裔孙那里获得李祁贫穷无书时抄写的《诗经》《易经》手迹。并于六月初九在茶陵过了26岁生日，写有《六月九日初度诸族父兄皆会感而有作》诗。同时还写了《茶陵竹枝歌十首》等诗。

扫墓期间在茶陵燕居18天，而后返棹北上。

第二阶段：北上。路线是过永新，下吉安，历南昌，涉钱塘，游西湖，经吴县，皆有诗。

八月二十七日，返至潞河（北京通州），于舟中作《南行稿·序》，尾记曰："是月二十七日，翰林编修李东阳宾之书于潞河（通州）舟中。"此次南行共计写有诗歌126首，文5篇。

4. 李东阳中年之18年内阁生涯（56—67岁）

明孝宗朱祐樘弘治七年（1494），李东阳48岁，受到孝宗皇帝重用，由徐溥力荐擢升礼部右侍郎，专管内阁诰敕。从此开始内阁生涯。

明孝宗朱祐樘弘治八年（1495），以原官与谢迁同日受命入内阁参预机务。与徐溥、刘健、谢迁同为内阁大臣。后三人通力协作，固有嘉话传曰："李公谋（谋略）、刘公断（当机立断）、谢公尤侃侃（能言善辩）。"三位尽心辅佐皇帝朱祐樘，曾一度出现弘治中兴的局面。

此时间段开始人生中第二次远游，即东祀，以谨身殿大学士的身份前往新落成的孔庙祭告。此行所撰《东祀录》，收诗28首，文4篇。现在曲阜孔庙大成殿殿前东西两侧耸立着两块最高大的御碑就是李东阳书写的（乔宗刻石）。还有"圣人之门"四字，书款"长沙李东阳题"，至今还在。

李东阳一生两次远游，一是南行茶陵省墓，二是东祀祭告孔庙。

明宪宗朱祐樘弘治十一年（1498）二月，李东阳为太子少保礼部尚书兼文渊阁大学士。弘治十六年（1503）二月，李东阳为太子太保户部尚书兼谨身殿大学士。弘治十八年（1505）七月，加少傅兼太子太保；八月，加柱国。

明武宗朱厚照正德元年（1506）十二月，李东阳晋升为少师兼太子太师礼部尚书华盖殿大学士，成为首辅。

弘治十一年（1498）至正德七年（1512）李东阳分别任文渊阁大学士、

谨身殿大学士、华盖殿大学士，实际上担任明王朝宰相 15 年，参预内阁机务长达 18 年。

18 年的内阁生涯分为明宪宗朱祐樘弘治年间贤相阶段和明武宗朱厚照正德年间褒贬争议阶段（褒多贬少，《明史》和诸多正史均为褒扬）。

5. 李东阳晚年之 3 年余致仕生活（67—70 岁）

正德七年（1512）十二月起致仕，至正德十一年（1516）六月七十大寿生日，祝寿一月，至七月二十日寿终正寝。

此段时间过着致仕生活，无力过问武宗朱厚照荒淫无度、朝政紊乱的政事。"非展墓不出"，以东园为乐，过着"棋局诗酒，随意所适"的生活。

最后，略讲李东阳之妻子、兄弟、儿子、女儿、孙。

李东阳妻子：原配妻子刘氏，李东阳 25 岁时去世。继室岳氏，探花阁臣岳正之女，李东阳 28 岁时去世。再继朱氏，故成国朱公之女。

李东阳兄弟：依次是李东阳、李东山、李东川、李东溟。

李东阳儿子：李兆先（岳氏生，娶潘辰女，27 岁卒）、李兆同（10 岁夭亡）、李兆藩（四弟李东溟子，过继）。

李东阳女儿：刘氏生一女夭亡，朱氏生二女夭亡。长大成人的仅有两个，一个嫁给孔子六十二代孙孔闻韶，一个嫁给崔杰。

李东阳孙有二：长李传，次李仲。孙女：长孙女适刑科给事中刘继。余待考。

二、李东阳书画艺术渊源关系

李东阳不仅是一位出色的政治家和文学家，而且还是一位诗文书画皆通的少有的全才式的艺术家。可能因他有着明代政坛上的著名宰相的极高地位而影响他的诗文之名；亦可能是他在文坛上创立了茶陵诗派并领袖明代文学艺术潮流达四十余年之久的崇高地位而掩其书画艺术之名；抑或是他在明代中期书坛上馆阁书阁老之身份而影响了他的书画理论家之名。总之，知其政坛之名者多，知其文学之名者亦不少，但知其画学名者少；知其为书法家者多，但知其还是一位书画理论家者更是少之又少。然而，就从其流传下来的传于今世的上百件书迹和多达三百余篇书画题跋、书画鉴评的诗文文献来看，李东阳完全称得上是一位水准极高的书画家。可是，他的书迹与书画理论至今未引起书画界足够的重视。研究李东阳书画艺术的学者和成果极少，如徐邦达《古书画过眼要录》，刘正成《中国书法鉴赏大辞典》，黄惇《中国书法史（元明卷）》，傅申《海外书迹研究》，张金梁《明代书法史探微》等，大多是蜻蜓点水式的提到而已，未能深入研究；徐东树《美玉精金补无迹——评李东阳草书长卷》和司马周、刘红花《有时意匠入幽渺，力与造化争纤毫——论李东阳书法理论及其影响》分别对其书迹和书、画论进行了研究，但总结不够全面，论述也不尽深入；硕士毕业论文有 2011 年华东师范大学魏婧姝《李东阳书学研究》，对其生活背景、书学思想、书法实践、交游与茶陵书风进行了论述，是目前较为全面的研究李东阳的成果，赵可君和周娉的硕士论文对其书法进行了研究，相较魏同学略微全面一些，但三人都未深入的探究。基于此，作为同乡致力于画学研究的后生，下面对李东阳的书画艺术渊源关系进行全面梳理与深入论述，还原其书画艺术之本来面貌，使后学者能够学习领略其博大精深的文化艺术，精绝的画学理论，同时还原其在中国画学史中本来应有的地位。

谈到书画艺术渊源关系，主要是指其师承关系。考李东阳师承关系，主要有三个方面的影响。

（一）受时人直接影响

1. 首先看黎、展、刘、柯的文化底蕴影响

关于李东阳师承关系史料极少有记载，详检明代及以后的史料，可考者有四。一是景泰四年（1453）东阳 7 岁时拜的一位老师展毓。他在《明故文林郎河南道监察御史展公墓志铭》中写道："公与家君友且二十年。东阳七岁时，始知读书为文，皆籍公启迪。稍长，因公为外傅，从之游，食饮于公数年。"[①]

---

① 〔明〕李东阳撰、周寅宾校点：《李东阳集》二，岳麓书社，2008年，第727页。

二是明英宗天顺元年（1457）11 岁时拜乡贤状元黎淳为师。对此，同门师弟杨一清所撰《李东阳墓志铭》回忆道："天顺丁丑，受举业于华容黎文僖之门。"① 其实，东阳自己也在《黎文僖公集序》中谈道"东阳昔从文僖公先生游"② 一事。

三是天顺八年（1464）18 岁中殿试，得二甲第一后，奉诏受业于刘定之、柯潜二师。此事《明宪宗实录》卷三有详载："天顺八年三月……选进士李东阳……（等十八人）为庶吉士，命太常少卿兼侍读学士刘定之、学士柯潜教习文章。"③

上述四师教授内容以文为主，其中进士展毓教的是"读书为文"④，翰林学士刘定之、状元柯潜受召命教"文章"，刘定之并授以"为文必博先约后"⑤的思想，状元黎淳教习主要以"古文歌诗诸作"⑥ 为主。是否四位老师既教诗文又教书画呢？考《明画录》《书史会要》《画史会要》《佩文斋书画谱》《六艺之一录》等书画史料，上述四位老师都未列入书家和画家之列，故可以肯定其书画主要不是受这四位老师之影响。当然，小的影响肯定会有，如状元黎淳正书就写得非常不错，李东阳甚是佩服，他在《黎文僖公集序》中特别提及⑦。那么，李东阳书画艺术方面最早到底受谁的影响呢？考所有关于李东阳的文献史料，没有明确其书画方面的师承关系记载，故我们只有从其他方面进行考证。

2. 次看二父对其直接影响

首先我们来看两段史料。

第一段史料，据《明史卷一百八十一·列传第六十九·李东阳传》载："四

---

① 〔明〕李东阳撰、周寅宾校点：《李东阳集》三，岳麓书社，2008年，第1535页。

② 〔明〕李东阳撰、周寅宾校点：《李东阳集》三，岳麓书社，2008年，第977页。

③ 转引自钱振民：《李东阳年谱》，复旦大学出版社，1999年，第32页。

④ 〔明〕李东阳撰、周寅宾校点：《李东阳集》二，岳麓书社，2008年，第727页。

⑤ 钱振民撰：《李东阳年谱》，复旦大学出版社，1995年，第33页。

⑥ 钱振民：《李东阳年谱》，复旦大学出版社，1999年，第25页。

⑦ 〔明〕李东阳撰、周寅宾校点：《李东阳集》二，岳麓书社，2008年，第977页。

岁能作径尺书，景帝召试之，甚喜，抱置膝上，赐果钞。"①

第二段史料，杨邃庵一清在《李东阳墓志铭》中载："方三四龄，辄能运笔大书，至一二尺，中外称为神童。景皇帝召见，亲抱置膝上，命给纸笔书，赐果钞送归。六岁至八岁，再召见，赐赉如初，送顺天府学肄业。"②

四岁能"运笔大书"成为神童，首先应该是父母亲的引导和影响。除此之外，还有谁呢？明代尚没有现代的学前教育，只有父母亲授一种可能。以上仅是一种推测。事实上，要成为书法老师必须具备两个条件：一是具有一定水准的书法家；二是有文字史料证明他能教。内府本钦定《佩文斋书画谱》中对其父李淳有载，说明李淳是书画史认可的书法家，此其一。其二，关于父亲李淳对自己的书法教育东阳多有回忆，各种场合多有记载。如李东阳在《刻字法手稿成告先考墓文》载：

"惟我先考，精通楷书。推衍永字八法，定为变化三十二势，结构八十四式，归之独见，成一家言……摹勒大字，风神体格，幸免遗诋……"③

《先府君墓焚新刻手稿感而有述示兆蕃》载：

"平生读父书，句读粗可了……字法有遗稿，忆当临池时，楮墨彻昏晓。……以兹结构法，作室须念考……"④

《太原宋生灏手刻先君字法手稿，赠之以诗，时生已授广平通判矣（正德三年十二月三日）》载：

"吾家府君妙楷法，晋帖唐书饱探索。"⑤

《书先府君遗墨后》载：

"先考赠大学士府君，尝衍永字八法，变化三十二势，式则结构八十四例，著论一道。……摹勒大字势式……"⑥

---

①〔清〕张廷玉撰：《明史》，中华书局，1974年，第4820页。

②〔明〕李东阳撰、周寅宾校点：《李东阳集》二，岳麓书社，2008年，第1535页。

③〔明〕李东阳撰、周寅宾校点：《李东阳集》三，岳麓书社，2008年，第1134页。

④〔明〕李东阳撰、周寅宾校点：《李东阳集》二，岳麓书社，2008年，第815页。

⑤〔明〕李东阳撰、周寅宾校点：《李东阳集》二，岳麓书社，2008年，第831页。

⑥〔明〕李东阳撰、周寅宾校点：《李东阳集》三，岳麓书社，2008年，第1122页。

《书化度寺帖后》载：

"予儿时亟闻先憩庵府君称《化度寺帖》妙出《九成宫》右……"

"每吮毫伸纸，天趣溢发，操纵开阖，随意所如，而不逾典则。"①

东阳书法之所以能达到"随意所如""不逾典则"之境，绝对是与父亲的亲授启蒙分不开的。

故我们认定东阳在一至四岁时，能诗会书，成为"神童"这一阶段，主要是受其父亲启蒙亲授教育影响。那么在四岁后至十八岁中进士之前，除了父亲亲授之外，还有谁的教育影响呢？岳父岳正的精心培养。

《明史卷一百七十六·列传第六十四·岳正传》载，岳正为正统十三年（戊辰，1448）一甲三名（探花）进士，官翰林编修，为博学多才之人。又考书画史，晚明朱谋垔《续书史会要》《画史会要》，以及明徐沁《明画录》均对其有传载；又考清钦定《佩文斋书画谱》《六艺之一录》等在书家传和画家传中也都对其立传和高度评价，说明岳正是位能载入书画史的书画家。那么在东阳心中其岳父地位如何呢？东阳在《诗稿卷之八·书蒙翁老先生书画卷后》评价岳父："蒙翁书法天下豪，坐惊风雨随波涛。有时意匠入幽渺，力与造化争纤毫。……书家论定价亦定，须识我翁人品高。"②

又在《书蒙泉翁类博稿后》评价道："呜呼！此我外舅蒙泉先生岳翁遗稿也。公在国子时已名，能古文歌诗，然稿成辄弃去。及第为翰林，著作甚富。……公于书无所不读。《叶文庄墓铭》载《经疑》数卷，已逸去；著《皇极新解》，未及就；《深衣考误》一卷，藏于家，以俟续有得并刻焉。"③

从以上两则史料分析，在东阳眼里，岳父不仅是"书法天下豪""人品高"的书法家，而且是一位"能古文歌诗"的博学多才、著作甚富的文人，以至东阳对岳父无比崇敬而且感情笃深。纵观《李东阳集》，忆父亲李淳文仅有三五篇，而忆岳父蒙翁文就有《蒙泉公补传》《祭外舅蒙泉先生文》《蒙

---

① 〔明〕李东阳撰、周寅宾校点：《李东阳集》一，岳麓书社，2008年，第2页。

② 〔明〕李东阳撰、周寅宾校点：《李东阳集》一，岳麓书社，2008年，第166页。

③ 〔明〕李东阳撰、周寅宾校点：《李东阳集》二，岳麓书社，2008年，第668页。

泉翁禫祭文》《溧县祭蒙泉翁外舅文》和《过溧县奉怀外舅蒙泉老先生》等多达十余篇文章。可见，岳父对其影响巨大。那么到底有哪些影响呢？具体来说主要有三个方面影响：一是为人，二是文学，三是书画。

首先看为人影响。正是岳父的"人品高"影响了东阳，以至东阳在后来从政中一直都是"正能量"，而且得到"文正"的谥号，被后世公认为明相和政治家，评价极高。

其次看文学影响。岳父是进士及第，且是一甲三名探花，官翰林，他精通文章且博学多才。岳父的文学影响为东阳成为领袖当时四十余年的文坛霸主地位打下了坚实的基础。他在《怀麓堂诗话》中高度评价岳父："蒙翁才甚高，为文章俯视一世，独不屑为诗……"①从"才甚高""文章俯视一世""不屑为诗"，可见岳父的傲视群雄的高度。《四库提要》亦云："李东阳学于正，又娶正女，其《怀麓堂集》亦称一代词宗。"②

再看书画影响。从什么时候开始影响？是从四至十岁左右的髫卯时开始影响。为什么这么说呢？李东阳在《杂记·东祀录·溧县祭蒙泉翁外舅文》中回忆："东阳夙自髫卯，获瞻门庭，遇我以国士，宾我以馆甥。"③"髫卯"为幼年。幼年指三至十岁孩童。关于"髫卯"二字，东阳在为杨守陈撰写《镜川先生诗集序》中载："独自髫卯，蒙奖识于今不改评，且益加厚……"④这里讲的"蒙奖识"一事，正是东阳三次被景帝召见一事。再与杨一清写的《李东阳墓志铭》中载："方三四龄，辄能运笔大书，至一二尺，中外称为神童。景帝召见……"⑤可三为互证。可见李东阳幼儿时期就在岳正门下学习。前面谈到在四岁成为"神童"之前主要是父亲李淳的家学书法之影响和诗文联句之影响，那么步入岳正门下可以推算最早在四岁时，最迟在十岁左右，直至东阳十八岁中进士这一时段的书画学习，主要是岳正的影响最大。

① 〔明〕李东阳撰、周寅宾校点：《李东阳集》三，岳麓书社，2008年，第1517页。

② 〔清〕纪昀等、四库全书研究所：《钦定四库全书总目》，中华书局，1997年，第2296页。

③ 〔明〕李东阳撰、周寅宾校点：《李东阳集》三，岳麓书社，2008年，第1440页。

④ 〔明〕李东阳撰、周寅宾校点：《李东阳集》一，岳麓书社，2008年，第483页。

⑤ 〔明〕李东阳撰、周寅宾校点：《李东阳集》三，岳麓书社，2008年，第1535页。

岳正影响东阳有多深?

岳正把东阳当国家栋梁来培养，即他所说"遇我以国士"；把他当未来女婿来培养，即他所说的"宾我以馆甥"（这里的"馆甥"与东阳称蒙翁为"外舅"合起来理解就是女婿与岳父的关系）。事实上，后来东阳真的成为其女婿。对此，东阳在《文后稿卷之十五·祭李孺人岳氏文》中谈道："蒙泉翁门，有女六人。归李者四……"① 可知李东阳是岳正的四女婿。谈到这里我们不禁要问，到底是定的娃娃亲、正娶、纳妾、还是蒙翁自择？据杨一清给李东阳撰《墓志铭》可知岳正四女嫁于东阳。文载："初娶刘氏……继岳氏，蒙泉先生女……再继朱氏……子兆先，岳夫人出……"② 由于是续娶，故完全可排除娃娃亲。那么是媒亲还是自娶？或是岳正自择？对此东阳在《文后稿卷之十一·蒙泉公补传》中又谈道："女六人：长聘……次适……次适……次适今具东阳……经、东阳及辰，皆公所自择云。"③ 显然是岳正自择。正是岳正对其偏爱有加，故对东阳倾力尽心培养，因此岳正对东阳影响极大，所以前面论述两人感情特别深厚，超越父子之情就完全可以理解。

岳正对东阳的书法有哪些影响?

前面谈到东阳书法启蒙于父亲李淳，三四龄能书"径尺大字"，写的就是楷书，四岁后主要是二父特别是岳父的直接影响更大。在东阳心里岳父书法水准极高，他在《文稿卷之二十·跋马抑之所藏二帖》中赞岳父书法："吾蒙泉翁极通书法，省所题识意亦可见。"④ 又在《文后稿卷之十一·蒙泉公补传》中谈道："公于书无所不读……字法精邃，大书尤伟，旁及雕绘镌刻，悉臻其妙。"⑤

从两则文字史料中所用词"极通书法""字法精邃""大书尤伟""悉臻其妙"来看，在东阳眼里岳父书法水平确实达到非常之高境界。那么他到底跟其学

---

① 〔明〕李东阳撰、周寅宾校点：《李东阳集》三，岳麓书社，2008年，第1531页。
② 〔明〕李东阳撰、周寅宾校点：《李东阳集》三，岳麓书社，2008年，第1539页。
③ 〔明〕李东阳撰、周寅宾校点：《李东阳集》三，岳麓书社，2008年，第1081页。
④ 〔明〕李东阳撰、周寅宾校点：《李东阳集》二，岳麓书社，2008年，第660页。
⑤ 〔明〕李东阳撰、周寅宾校点：《李东阳集》三，岳麓书社，2008年，第1081页。

什么？篆、隶、草、楷、行皆学吗？遍检所有史料未及论述。但有一点可以肯定，即在李东阳十八岁中进士之前的书法是得到二父极大影响而打下了坚实的基础。考岳父对其书法影响至少是两个层面的：一是实践的书法技法的影响；二是书论思想的影响。技法层面具体影响因相关史料极少，无考。书论思想方面影响巨大，如李东阳在《祭外舅蒙泉先生文》载："论书法，必穷汉晋之源……"①

这是岳父的书学思想，也是指导东阳学习书法的路数，更是后来东阳提出并力推"书法复古"运动的思想源头。包括东阳后来论书法"必为唐，必为宋"②"以晋为正"③，以及上溯到《石鼓文》篆书的一系列实践方法与思想理论，都是受岳父影响而形成的。特别是东阳后来留下三百余篇的书法和绘画的题跋、鉴评等理论文章都是受到岳父的影响。要特别补充的一点是，东阳书法不仅受二父影响，而且还受岳母的一定影响，因为岳母宋夫人精通书法。对此东阳在《外姑宋夫人墓志铭》中谈道："夫人生而庄肃，通书能琴，精女事。"④

岳正对东阳画学的影响。

父亲李淳以及展、黎、刘、柯四位老师均非画家，画史无载。故此五位对其画学的影响基本可以排除。明朱谋垔《画史会要》、明徐沁《明画录》、清钦定《佩文斋书画谱》等书画史记载，岳正是有明一代著名画家，其山水、花鸟皆通。对此，东阳在《蒙泉公补传》中谈道："……旁及雕绘镌刻，悉臻其妙。尝戏葡萄，遂成绝品。"⑤说明岳正在画学方面，尤其是花鸟方面非常精通，且善画葡萄，达到水准极高的"绝品"境地。

岳正不仅花鸟擅长，而且山水亦擅长。据东阳《题松溪隐居图（有序）》

---

① 〔明〕李东阳撰、周寅宾校点：《李东阳集》二，岳麓书社，2008年，第681页。
② 〔明〕李东阳撰、周寅宾校点：《李东阳集》一，岳麓书社，2008年，第483页。
③ 〔明〕李东阳撰、周寅宾校点：《李东阳集》三，岳麓书社，2008年，第1113页。
④ 〔明〕李东阳撰、周寅宾校点：《李东阳集》二，岳麓书社，2008年，第776页。
⑤ 〔明〕李东阳撰、周寅宾校点：《李东阳集》三，岳麓书社，2008年，第1081页。

中说："我外舅蒙翁为松溪刘先生作《隐居图》，翁之藻绘见于世者绝少。"①
说的便是岳正所绘山水。又在《奉题蒙泉翁山水图》中全面论述岳父的山水：
"岳生手持四尺图，层峦叠嶂开重湖。摩挲双眼认笔墨，格力岂是丹青徒？
云林虽清石田老，似觉轻虚或枯槁。此格今无古亦稀，何人画与诗兼好？生
言此卷本家藏，我翁戏剧皆文章。渠生见父不见祖，幸有手泽传书香。予时
及门嗟已晚，苦为心长愁日短。如游宝藏见金玉，杂见零玑未经眼。谁将画
谱收蒙泉？人间但有葡萄传。此山此水不再得，要与文字留千年。"②

东阳认为岳父的山水可与当时巨擘倪云林、沈周比肩，认为岳父山水
可"留传千年""此格今无古亦稀，何人画与诗兼好"。可知岳正的画学
水准极高，只是留传极少罢了。因此，岳正完全具备为画家老师的两个条
件，所以，我们认定岳父为其画学老师。那么岳正具体教东阳画学什么内容？
画史缺载。但可以肯定东阳从髫龀至二十六岁岳父卒之间，定受其直接的耳
濡目染之影响。

前面说东阳受其画学影响，但考东阳不画画，又确无画迹传于世，这是
为什么？对此东阳在《题括苍陈氏画》回答道："画，技之微者也。其用不
过充玩好、资论议而已。"③在东阳眼里，画画纯属好玩的雕虫小技，故不画也。
那么，东阳不画，是否根本不通画理，不懂画论呢？对此东阳在《沈刑部所
藏墨竹歌》回答道："我非能画却能看，别有苦思通幽玄。"④东阳早在二十
岁时就开始为书画迹作题跋了，目前可考的东阳最早的一篇画跋是其二十岁
之前的画跋《题〈崔甥画卷〉原韵十首，次韵十首（有序）》⑤，这正是岳父
对其画学影响的典型例证。再者，从《李东阳集》中三百余篇画论、画评、
画鉴来看，难道东阳不懂画吗？不，他是极懂画的内行，并且对画学的理
解达到极高的境界，是有思想的画学家。对此东阳又在《题括苍陈氏画》

① 〔明〕李东阳撰、钱振民校点：《李东阳集》四，岳麓书社，2008年，第14页。
② 〔明〕李东阳撰、钱振民校点：《李东阳集》四，岳麓书社，2008年，第61页。
③ 〔明〕李东阳撰、周寅宾校点：《李东阳集》二，岳麓书社，2008年，第658页。
④ 〔明〕李东阳撰、周寅宾校点：《李东阳集》一，岳麓书社，2008年，第147页。
⑤ 〔明〕李东阳撰、周寅宾校点：《李东阳集》二，岳麓书社，2008年，第919-922页。

专门谈到这个问题：

"予生不习画，手不能举笔运纸，而凡为位置高下，皆不能外乎吾心；口不能指摘年代，辨阅名氏，而凡为妍媸工拙、清浊雅俗，皆不能逃乎吾目。平居未尝费一钱之购，无寸纸尺素之藏，凡持以求题识者无虚旬月，至辄悬之斋阁，坐卧其间，后先相代，而吾家未尝无画。盖吾之于画，犹元亮之于琴，子瞻之于酒也。"[1]

上述所言，东阳的确"予生不习画"，"无寸纸尺素"之藏，但阅画"皆不能外乎吾心，皆不能逃乎吾目"，进而有无数人求其为之题画。他曾为传世名画宋赵佶《听琴图》《四禽图》，张择端《清明上河图》，元赵孟頫，明庄昶、沈周、吴宽、林良等名家的画题跋，故有"凡持以求题识者无虚旬月"的场面。因此东阳非常自信地用"元亮之于琴"和"子瞻之于酒"的比喻方式反问，这是极其自信的一种表现。

最后，特别值得一提的是，东阳不仅通画理，对画学极自信，对画学的深入研究亦达到了痴迷状态，有梦中为人题跋为证。《李东阳集（四）·续集·诗续稿卷之八》有一首题为《正月晦日，梦为人题〈画竹〉一律，记第三联，因续成之》的梦中题跋诗（诗略）。[2]对此，我们完全有理由相信李东阳是极通画理的画论家，相信岳父岳正对其画学之影响。

3. 最后，看时人师友影响

任何一个人都离不开社会而生存，故每个人都有或多或少受时风的大环境之影响，东阳也不例外。东阳的诗文就是当时台阁体的典型，书法受当时馆阁书体之影响更是典型代表。这也是东阳一辈子都无法摆脱台阁文和馆阁书影响的原因，但难能可贵的是他作为当时文坛和书坛领袖，能够看到馆阁体书受"典则"束缚，充满"台阁气"的致命的弱点，即馆阁体诗文和馆阁书体达到高峰后走入死胡同无法向前发展的"癌病"，为此振臂一呼提出复古革新台阁体的行动与口号。那么，在革新的道路上他到底受哪些时人的影

---

[1]〔明〕李东阳撰、周寅宾校点：《李东阳集》二，岳麓书社，2008年，第658页。
[2]〔明〕李东阳撰、钱振民校点：《李东阳集》四，岳麓书社，2008年，第121页。

响呢?

主要受三个人的影响:一是张弼;二是庄杲;三是陈献章。三人长期在野,张、庄同为进士,张讽刺时贵,得罪权贵遭排挤,出阁入江西南安府长期为地方官;庄得罪宪宗被贬隐居定山;陈屡考不中,回白沙村专心治学。三人共同的特点是都具有典型的不受台阁 "典则" 束缚的野逸"山林气",这是东阳无法得到而又特别向往和羡慕的。对此,东阳在《怀麓堂诗话》中也谈道:

"作山林诗易,作台阁诗难。山林诗或失之野,台阁诗或失之俗。野可犯,俗不可犯也。盖惟李、杜能兼二者之妙。"①

这是谈诗,其实书又何尝不是呢? 诗文书画是相通的。东阳作为当时台阁诗文和馆阁书法的领袖人物,他看到了台阁体之弊,故而力求革新。正是东阳看到张弼书法成功的案例,影响他继续向在野的庄杲、陈献章等学习,目的就是通过学习其野逸、自然、率性和自由来冲破"典则"的牢笼,达到革新诗文书画之目的,最终达到台阁的"朝"与山林的"野"之间的"兼二者之妙"。

那么,东阳学三人什么呢?

首先看张弼对其的影响。

张弼,字汝弼,晚号东海翁。明仁宗朱高炽洪熙元年(1425)生。明宪宗成化二年(1466)进士。张弼大李东阳二十二岁,张弼书名早于东阳书名。东阳为什么会受时人张弼的书法影响?

先看世人如何评价张弼的书法。据《明史卷二百八十六·列传一百七十四·文苑传二·张弼传》载:"工草书,怪伟跌宕,震撼一世。"②

由于张弼长期在野,深受"山林气"之影响,故而书法形成了一种狂放的风格。对此,王鏊《震泽集》评价张弼书法云:"其草书尤多自得……虽海外之国皆购其迹,世以为颠张复出也。"③《陆俨山集》亦称其:"东海先

① 〔明〕李东阳撰、周寅宾校点:《李东阳集》三,岳麓书社,2008年,第1519页。
② 〔清〕张廷玉撰:《明史》,中华书局,1974年,第7342页。
③ 转引自〔清〕倪涛纂辑:《六艺之一录》,浙江人民美术出版社,2015年,第7389页。

生以草圣盖一世，喜作擘窠大轴，素狂旭醉，震撼人心目。"①都认为张弼是当时名震一时的草书大家，当代"草圣"，对后人影响极大，其中就包括对东阳的极大影响。

那么，在东阳眼里张弼是何等人物？东阳在《怀麓堂诗话》中称："张东海汝弼草书名一世，诗亦清健有风致。"②又在《李东阳集（四）·续集·文续稿卷之四·序十首·张东海集序》中评价其书法："少善书，雄才俊逸，自成一家。同时名能书者，皆莫能及。碑版卷帙，流布逖远，至于外国，东海之名，遂遍天下。其为诗，清炼脱俗，力追古作。意兴所到，信手纵笔，多不属稿。即有所属，以草书故，辄为人持去。"③又在《刘户部所藏张汝弼草书》评其书："横挥直扫百态出，或舞鸾凤腾蛟龙。一从篆隶变行草，世间此艺难为工。自言早学宋昌裔，晚向怀素逃形踪。公孙大娘不识字，此翁岂在今人中？"④

从东阳对张弼的评价可以看出，他极其欣赏张弼的"意兴所到""信手纵笔""自成一家""名遍天下"的草书，这是在野不受台阁"典则"束缚的自由表现。其二是东阳总结了张弼草书"一从篆隶变行草"的古雅格调是从怀素中得，从物艺中通，从唐法中来的成功经验。事实上，受张弼的影响，东阳也逐渐向张弼张颠狂素式的连绵大草的自由任性方向发展，只不过东阳长期被台阁之"典则"束缚，身在阁内环境中的阁老的身份，让他无法毫无拘束地尽情挥洒表现。翻检李东阳《春园杂诗》书迹与张弼《草书蝶恋花词轴》《草书七绝诗轴》《题水月轩手卷》等书迹，明显可以看到张弼式狂放大草的影子。这正是受张弼"其书学怀素，名动四夷"⑤的影响而寻觅怀素的书法真谛，追求怀素无拘无束的自由创作境界而影响的结果（后有详论）。

次看陈献章对其影响。

---

①转引自〔清〕倪涛篆辑：《六艺之一录》，浙江人民美术出版社，2015年，第7390页。

②〔明〕李东阳撰、周寅宾校点：《李东阳集》三，岳麓书社，2008年，第1520页。

③〔明〕李东阳撰、钱振民校点：《李东阳集》四，岳麓书社，2008年，第180页。

④〔明〕李东阳撰、周寅宾校点：《李东阳集》一，岳麓书社，2008年，第180页。

⑤转引自〔清〕孙岳颁王元祁等纂：《佩文斋书画谱》，浙江人民美术出版社，2014年，第1145页。

陈献章，号白沙，生于明宣德三年（1428），长东阳十九岁。他一生多次科举不中，后回归白沙村专心治学，是有明一代理学巨儒。《明史·陈献章传》有详载。

据《翰林检讨白沙陈先生行状》载，学士李东阳在成化十九年（1483）有赠别诗云："只有报恩心未老，更无辞表意全真。"[1] 可知二人为好友。

时隔七年（1490），二人有《藤蓑诗》唱和，献章以诗来请，并赠东阳二匹粗绢。诗见陈献章《白沙子全集卷十·读壁间李学士和予藤蓑诗，偶成奉寄》一首，云："西涯一曲我藤蓑，对此相思可奈何？……犹唱西涯学士歌。"[2] 以及同书卷二写有《与西涯李学士诗》一首，云："相别六七年，迩者不通问于京师……不能尽所欲言，粗绢二匹表忱。"[3] 对此东阳在《怀麓堂诗稿卷六·藤蓑，以陈公父韵二首》也有唱答诗[4]。可见二人交往频繁，且为忘年交，互有诗文书画唱和，互有影响。

影响体现在三个方面。

一是创作取法路数和书学理论思想影响。陈献章在《陈白沙集》卷六提出了一个观点："魏晋名家是一关，前驱黄米未知还。却疑醉点风花句，四海于今几定山。"[5] 这种取法魏晋，取法宋代黄、米的思想与东阳"必穷汉晋之源""必为宋"的思想是一致的（后有详论），这种思想相同是互相影响、互相认同的结果。

二是陈献章书法自由创作表现出的"山林气"对东阳的影响。东阳是当朝的文坛领袖，诗文书画皆通，而陈白沙是当时的理学硕儒，是有名的思想家、诗人和书法家。前者在朝，后者在野，两人都有共同文学艺术与思想的高度。两好友间互相倾慕，故而相互影响。东阳主动学陈白沙自由的不受约束的"山

---

① 转引自钱振民撰：《李东阳年谱》，复旦大学出版社，1995年，第93页。
② 〔明〕陈献章：《陈白沙集》卷六四库全书刻本。
③ 〔明〕陈献章：《陈白沙集》卷六四库全书刻本。
④ 〔明〕李东阳撰、周寅宾校点：《李东阳集》一，岳麓书社，2008年，第135页。
⑤ 〔明〕陈献章：《陈白沙集》卷六四库全书刻本。

林气", 学其"得之于心, 随笔画自成一家"① 的自由创作境界。因为东阳有的是遵循"典则"之法, 但无其"得之于心, 随笔画自成"的随性(用现代语说"任性")的自由创作心态和心境。东阳正是想学陈白沙自由"山林气"来冲和自己过度的遵"典则"的"台阁气"。这是"朝"与"野"、"台阁气"与"山林气"、"典则"与"自由"之间的相互影响。

三是陈献章发明的"茅龙笔"对李东阳的影响。据说陈献章发明了一种叫"茅龙笔"的毛笔, 非用动物毛制成, 而是用一山间的植物, 一种叫"茅"的植物特制而成, 在陈献章时代的师友中较为流行。东阳身在阁内, 与陈献章互有往来, 不仅受陈"山林气"书法自由创作的心境影响, 而且直接学用其特制"茅龙笔"大胆创新尝试。

关于"茅龙笔", 明徐竑在《翰林检讨白沙陈先行行状》中有详载: "至于书翰林如其诗, 能作古人数家字。山居, 笔或不给, 至束茅代之。晚年专用, 自成一家, 时呼为'茅笔字'。好事者踵为之。"② 东阳便是当时能够接受新鲜事物的"好事者"。而明安世凤《墨林快事·李西涯书〈风雨叹〉》中也有李东阳学陈献章书法, 并用其发明的"茅龙笔"书《苦热行》的记载, 文曰: "长沙以壬辰为此'风雨叹', 后二十年为'苦热行', 又十八年因书一卷。前以茅笔书'苦热行', 后另以豪笔追书此诗。"③ 身为阁老的东阳学陈献章用特制"茅龙笔"进行创作, 可见其改革台阁体的心情之迫切和海纳百川的胸怀及气度。

最后看庄㫤对其影响。

据《明史·庄㫤传》和其他相关史料显示, 庄㫤, 字孔旸, 学者称"定山先生"。生于明英宗正统二年(1437), 长东阳十岁。明宪宗成化二年(1466)进士, 并选为庶吉士, 后授翰林院检讨。成化三年(1467)因得罪宪宗被贬谪, 成化七年(1471)始隐居定山。从庄㫤《定山先生集卷二·与国贤和西涯》

---

① 转引自〔清〕倪涛纂辑: 《六艺之一录》, 浙江人民美术出版社, 2015年, 第7388页。

② 〔明〕陈献章: 《陈白沙集》四库刻本。

③ 转引自〔清〕倪涛纂辑: 《六艺之一录》, 浙江人民美术出版社, 2015年, 第7411页。

诗[①]可知，从天顺八年（1464）东阳入朝和庄㫤同事，一直到成化三年庄㫤被贬，两人至少有两年的同事情谊。

又从庄㫤《定山集补遗·湛若水〈庄定山先生墓碑铭〉》记录东阳与庄㫤三十年后见面的情景，东阳对庄㫤戏之曰："今复能用大笔做帖乎？"[②]可知，从成化三年（丁亥，1467）庄㫤被贬至明孝宗弘治七年（1494）应召至京，两人有二十七年未谋面，但一直保持书信往来。二人见面后相互唱和登游，畅叙旧情，可见二人关系非同一般。

纵观庄㫤一生，从政治上来说，因个人性格原因得罪宪宗被贬是件坏事，但从艺术创作来说，远离台阁隐逸山林，不受"典则"之束缚，这对其是极好之事。庄㫤被迫远离台阁，他的诗文书画创作由原来的"台阁气"融入野逸的"山林气"，使得他的诗文书法风格为之一变，清新可爱。然而，这种"山林气"正是东阳所没有的，也是东阳欣赏羡慕庄㫤的，对此，东阳在《寄庄孔旸二首》中写道：

"买断溪南十顷烟，还家无复梦朝天。身如元亮归田日，诗似东坡过岭年。蓬岛谪来仙骨在，钓台高处客星悬。十年未洗红尘耳，谁听清风石上弦。""背郭诛茅草盖堂，边江种柳树为墙。舟中梦醒闻春雨，楼上诗成坐夕阳。南纪壮游余岁月，北扉遗草旧封章。清时例有逃名客，见说严陵本姓庄。"[③]表达了对庄㫤无拘无束的自由隐逸的"山林气"向往。

在《寄庄定山》中，李东阳表达了对庄㫤的羡慕之情：

"六峰东面一江横，此老逃名竟得名。……三十年前携手地，寺门斜月晚钟声。"[④]诗中"逃名"指的是得罪宪宗被贬事件，"得名"是指远离馆阁"典则"而接纳野逸的"山林气"成就其诗书的独特风格一事。二人在三十年后再见面时，李看不到庄以前的"台阁气"，而是看到其综合"台阁"和"山林"二气，达到雅俗共赏"兼二者之妙"的境界，看到的是庄"取乎内而忘乎外，

---

① 〔明〕庄㫤：《定山集》四库刻本。
② 〔明〕庄㫤：《定山集》四库刻本。
③ 〔明〕李东阳撰、周寅宾校点：《李东阳集》一，岳麓书社，2008年，第246页。
④ 〔明〕李东阳撰、周寅宾校点：《李东阳集》一，岳麓书社，2008年，第328页。

得之心而应之手"①的神游状态与境界。这是让东阳向往与羡慕的。

通过庄㫤融"台阁气"和"山林气"的"兼二者之妙"的成功案例，东阳悟到了改革台阁之弊的方向，并领导改革。所以，我们在东阳晚期书法作品中，也能看到一些"山林气"的气息。

（二）受古人间接影响

一看受元赵孟頫的影响。

赵孟頫（1254—1322），字子昂，号松雪道人。南宋末元初著名的诗书画印大家，在书法和绘画史上树立起继宋之高峰的又一小高峰，在画学史上地位举足轻重。

关于赵孟頫对东阳的影响，首先让我们看看赵孟頫在东阳心中地位如何。东阳在《子昂画马卷》中评价道："翰林学士真天人，平生书画皆通神。"②用"真天人"来评价其人，用"皆通神"来评价其书画。又李东阳在《怀麓堂诗话》评价赵孟頫："赵子昂书画绝出，诗律亦清丽。"③用"绝出"来评价书画，这是何等之高的评价。用现代的话说，赵孟頫是东阳心中的"男神"。

关于东阳学书受赵孟頫影响，稍晚于东阳的晚明文徵明和丰坊均有记载。文徵明在《西涯遗翰》跋中谈道："西涯先生书早年出入赵文敏、邓文原，既而自成一家，遂海内所宗。"明嘉靖间丰坊在《书诀》中也谈到东阳学书渊源关系，文曰："其早年学子昂，中年以后学鲁公。"④总结起来，赵孟頫对东阳的影响主要体现在两个大的方面：一是学习书法方法路数的影响；一是画学理论思想的影响。

在此，我们可以简单回顾一下赵孟頫学习书画的路数。赵孟頫博学多才，诗文书画皆通，书法五体皆擅，格高直追晋韵，与欧、颜、柳并称"楷书四大家"，开创唐宋以来书法的又一高峰；绘画人物、山水、花鸟皆能，是继苏轼以后

---

① 〔明〕庄㫤：《定山集》四库刻本。
② 〔明〕李东阳撰、周寅宾校点：《李东阳集》二，岳麓书社，2008年，第830页。
③ 〔明〕李东阳撰、周寅宾校点：《李东阳集》三，岳麓书社，2008年，第1527页。
④ 转引自黄惇：《中国书法史·元明史》，江苏美术出版社，2002年，第232页。

文人画发展的执牛耳级代表人物，开创有元一代新画风，领袖元代书坛画坛，在中国画学史上占有重要的地位。李东阳亦博学多才，诗文书画皆通，文学上开创"茶陵诗派"并领袖明代文坛四十余年之久；书法五体皆善，尤其擅长篆书，是改革明代台阁书，引领明中期书风、主导书坛的代表人物；绘画，通晓画理画论。这些特点与成就如同赵孟頫的翻版。显然，这不是偶然，是"偶像"赵孟頫影响"粉丝"李东阳的典型。

如果说李东阳学书路数是源于赵孟頫的学习成功之路而形成的话，那么赵孟頫的画学理论和复古思想亦影响着东阳。接下来看复古改革思想影响。

我们可以从赵孟頫在元初看到日益颓靡的南宋书画风气而用复古思想来推动拯救革新之思想和行动，为此，东阳亦学赵孟頫成功经验。东阳在当时明中期书法馆阁体达到顶峰之后走入死胡同而振臂一呼，提出复古思想来革新馆阁书以拯救明代书法的颓势，两者有异曲同工之妙。这难道不是后李学前赵吗？事实上赵孟頫的书法正是复古融入了高古的晋韵、汉风、秦调，从而才使他的书法耳目一新（以古为新），达到继唐宋后又雄起的一座新高峰，为后人学习书法开辟了一条广阔的通途。而东阳正是学习了赵孟頫的复古改革书画的成功经验，进而以篆、隶入楷、行、草的实践使其书法尽力摆脱馆阁体的束缚，从而达到创新之目的，这为他自己的书法和明中期的馆阁书法走出困境指出了一条光明的道路。

关于东阳"穷汉晋之源"复古思想和用行动习篆，后人多有论及。杨一清在《李东阳墓志铭》对其评价："真、行、草、隶俱有法，而篆书则一划近习，复古之功为大乐。"[1] 王世贞《艺苑卮言》对李东阳评价亦颇高："李文正东阳，真行笔颇秀润，晚节加以苍老，而不免俗。惟篆书颇佳。"[2] 后又说："涯翁篆胜古隶，古隶胜行、草。"[3]

关于东阳复古行动中的篆书书迹及其水准，在如下作品中可窥见一斑，

---

① 〔明〕李东阳撰、周寅宾校点：《李东阳集》三，岳麓书社，2008年，第539页。

② 〔明〕王世贞撰：《弇州山人稿》文渊阁四库全书本。

③ 〔明〕王世贞撰：《弇州山人稿》文渊阁四库全书本。

如《草亭诗意图卷》引首书写的"草亭诗意";赵孟頫《烟江叠嶂诗卷》引首书写的"松雪真迹";马远《画卷》引首书写的"马远山水";怀素《自序帖》引首书写的"藏真自序";陆柬之《书陆机文赋卷》引首书写的"二陆文翰";父亲李淳《大字结构八十四法》引首书写的"憩庵府君自法手稿"。

接下来看赵孟頫对其画学理论的影响。

赵孟頫不仅精书画技法,而且通书画理论,精书画赏鉴,通书画评论。东阳也是一位书画技法理论皆通,鉴赏、评论精通的大家,且多是从赵孟頫身上直接参悟而来。东阳在《跋马抑之所藏二帖》载:

"子昂临右军十七帖,非此老不能为此书。然观者掩卷,知为吴兴笔也。大抵效古人书,在意不在形,优孟效孙叔敖法耳。献之尝窃效右军醉笔,右军观之,叹其过醉,献之始愧服以为不可及。此其形体当极肖似,而中不可乱者如此。能书者当自知之。"[①] 悟到了书学的"在意不在形"的思想观点。

东阳又在《书赵松雪十七帖后》曰:"古之名能家者,未始不有所师法。世传松雪翁临右军十七帖,不啻数十本,他可知已。学书者以晋为正,松雪书虽骨格有可议,而得其风韵最多,正坐是哉!""此帖充道宫谕所藏,遇所得意,往往有咄咄逼人之势,较之其所自书,虽妥帖未逮,而奇拔过之,亦岂非述法之易而创制之难乎!后之学松雪者,失其风韵而规规骨格之间,是宜其弗逮远矣。"[②] 悟到了学书须"以晋为正""得其风韵"的道理。

二看受宋人苏、黄、米、张的影响。

东阳在为杨守陈《镜川先生诗集序》中提出诗学取法的"必为宋"思想观点,虽为论诗,但诗书相通,然书何尝不是呢?

"必为宋"是李取法宋的第一个原因;原因二是东阳为了革新台阁书提出复古思想及运动,在东阳眼里唐法宋意是值得取法的"古";原因三是苏、黄、米、张四人都有一个共通的特点,就是能够在书法上创新,自立面目,自成一家。北宋苏轼学唐颜真卿自成一体,黄庭坚学唐怀素开创大草新局面,

---

① 〔明〕李东阳撰、周寅宾校点:《李东阳集》二,岳麓书社,2008年,第660页。

② 〔明〕李东阳撰、周寅宾校点:《李东阳集》三,岳麓书社,2008年,第1114页。

米芾集古字自成一家，而南宋张即之受唐和北宋人影响亦自有面貌。在东阳改革馆阁体书风的道路上，此四人在创新思想与实践方面上的成功经验深深地影响了东阳。因此东阳对此四人直追不放。

先谈南宋张即之的影响。

张即之（1186—1263），字温夫，号樗寮，历阳（今安徽和县）人。历孝、光、宁、理四朝。名门显宦之后，官太子大傅，南宋著名书法家。《宋史卷四百四十五·列传第二百四·文苑七·张即之传》载："以能书闻天下，大字古雅遒劲，细书尤俊健不凡。"① 是"以能书闻天下"穷毕生之力以改变衰落书风的革新家。

纵观张即之书风受唐人欧、褚、颜影响较大，后受米芾影响最深，再又上溯晋唐，以经书融入其体。这种成功经验的学习路数与东阳提出的"必为唐""必为宋"和"以晋为正""穷汉晋之源"的书学思想是一致的。这种一致，显然受到了张即之的影响。特别是张即之参以禅宗思想入书学思想，对东阳启发较大。张即之成功将禅意入书的思想也正是东阳要借鉴取法的成功经验，故东阳有将"必为唐""必为宋"的诗学思想入书学的应用。事实上，我们将东阳《跋朱熹城南唱和诗卷》与张即之《楷书度人经帖》两书迹同比，完全可看到被张即之潜移默化的影子。

次谈北宋苏、黄、米对其影响。

在东阳眼里，北宋苏、黄、米三人都是各有所长的高手，东阳在《跋米南宫墨迹卷》谈道："米书与苏、黄并价，而各不相下，大抵苏、黄优于藏蓄，而米长于奔放。"②

苏轼对其影响，虽在东阳书迹中看不到明显的痕迹，但有三点影响是可以肯定的。一是东阳对东坡的书学思想的认同。在《书米南宫真迹后》引用东坡言："书至颜鲁公，天下之能事毕矣。"③ 二是东坡学颜真卿成名，深深

---

① 〔元〕脱脱撰：《宋史》，中华书局，1974年，13145页。

② 〔明〕李东阳撰、周寅宾校点：《李东阳集》三，岳麓书社，2008年，第1121页。

③ 〔明〕李东阳撰、周寅宾校点：《李东阳集》三，岳麓书社，2008年，第674页。

坚定了东阳学颜等"必为唐"的信念。三是东阳在文学中的诗文多仿苏公体与韵，影响亦较大。此不详论。

关于黄庭坚对其影响。

从黄庭坚取唐"颠张醉素"，特别是取乡贤怀素在草书上取得的极大突破，成为继唐张旭后又一草书巅峰的成功经验，更是极大地影响东阳"必为唐"的书学思想，进而坚定学唐怀素的信念（后有详论）。事实上，我们在东阳书迹中也能或多事少地看到黄庭坚大草的影子。

至于米芾对其影响更大。

先看东阳对米芾的高度评价。东阳在《书米元章墨迹后》评价："元章书极精妙。"①

东阳对米芾书迹谙熟，《跋米南宫墨迹卷》对其七言律、绝四首一看便立断为"真迹无疑"②，可窥一斑。又从他跋《书米元章墨迹后》以及他在64岁时看到米芾的《多景楼诗帖》，并在《题米南宫真迹卷，赠遂庵大宰先生二首》评价云："笔墨清润，盖得意书也。"③可见东阳对米芾书迹极其谙熟，这是研究之勤之深的结果。

最后，看东阳对米芾深入研究的程度。东阳不仅研究米芾，而且只要是米芾一系，诸如其子、其甥书画迹均穷追不舍。关于东阳学其甥黄华老人，稍晚东阳的明人文徵明在跋《西涯遗翰》时说："此卷所出又似王黄华，殆出翰墨游戏耶！"

关于学其子米友仁更是典型，东阳《题米元晖云山图卷，送木斋先生致政归南》中："由来画与书法通，外极秀发中藏锋"④，悟出书画同源和书画互通的道理。

对于宋人的书迹，除苏、黄、米、张之外，诸如《刘原父书南华秋水（篇

---

① 〔明〕李东阳撰、钱振民校点：《李东阳集》四，岳麓书社，2008年，第294页。
② 〔明〕李东阳撰、周寅宾校点：《李东阳集》三，岳麓书社，2008年，第1121页。
③ 〔明〕李东阳撰、周寅宾校点：《李东阳集》二，岳麓书社，2008年，第674页。
④ 〔明〕李东阳撰、周寅宾校点：《李东阳集》二，岳麓书社，2008年，第826页。

帖）》①所提到的刘敞书法，诸如《书宋墨迹后》所谈到的吴宽带来沈周所藏的宋李忠定、张忠献、赵忠简、吕太保安老、李参政泰的书迹②，东阳都极力获观。从上可见，东阳的"必为宋"的情节也是非常之深的。

三看受唐人的影响。

东阳受唐人影响渊源是多方面的。首先是受其父影响习唐，父亲李淳的书法主要以楷书擅长，他的楷书主要是从"晋帖唐书"中来。从小父亲教的"永字八法""变化三十二势""结构八十四例"等都是唐法为多。

其次是受明代时人习唐的风气影响。关于明代兴唐（颜）时风的思想，孙𬀩在《书画跋跋》中有详论："二沈氏弘治以前天下慕之，弘治末年，语曰：杜诗颜字金华酒、海味围棋左传文。盖是时始变颜也。"③故通过努力学习唐人，进而逐渐总结出"必为唐"的书学思想。然唐人中主要是欧、虞、颜、柳和怀素对其影响为多。

首先看唐颜真卿对其影响。

关于东阳受颜真卿的影响早在晚明时代朱谋垔《续书史会要》中明确谈道："（东阳）篆书有古则，行草亦清健，深得鲁公笔法。"④丰坊《书诀》亦云："（东阳）其早年学子昂，中年以后学鲁公。"⑤这是文献史料记载。关于书迹影响，我们可以从故宫藏李东阳书迹《邃庵解》中的笔法、字法、章法中明显看到受颜体的极大影响；再从李东阳《题邃庵诗翰》中明显看到颜《自书告身》的影子。

东阳为什么会学颜？综合起来原因有四。一是源于对颜鲁公的人品膜拜，关于人品的崇拜源于岳父从小给东阳灌输的人品教育之影响。东阳在《诗稿卷之八·书蒙翁先生书画卷》谈到人品的问题："蒙翁书法天下豪……须识

①〔明〕李东阳撰、钱振民校点：《李东阳集》四，岳麓书社，2008年，第321页。

②〔明〕李东阳撰、周寅宾校点：《李东阳集》二，岳麓书社，2008年，第666页。

③转引自崔尔平编：《历代书法论文选》，上海书画出版社，1979年，第261页。

④〔明〕朱谋垔撰、徐美洁点校：《续书史会要》，浙江人民美术出版社，2012年，第350页。

⑤转引自黄惇：《中国书法史·元明史》，江苏美术出版社，2002年，第232页。

我翁人品高。"①众所周知，颜鲁公是书品与人品皆高的典范。东阳自己也在《题李龙眠临卫协高士图》中谈到关于人品的重要性，云："书家重人品，画法本相通。"②

二是源于颜鲁公书风中凸显的"浑雅正大"气象。对此，东阳在《怀麓堂诗话》中载："求其浑雅正大，可追古作者，殆未之见。"③颜字的"浑雅正大"气象是东阳追求的终极目标。

三是源于对颜公的艺品与艺术水准之崇拜与追求。对此东阳在《书米南宫真迹后》援引东坡言说："书至颜鲁公，天下之能事毕矣。"④崇拜之情显而易见。

四是源于对颜字法的追求。他在《书颜鲁公祭文稿后》中评价道："颜公楷法端严，一笔不苟。"⑤颜鲁公的"法"是其学习的对象，更是他终极一生遵守的"典则"。对此，杨一清在《怀麓堂稿序》中谈道："每吮毫伸纸，天趣溢发，操纵开阖，随意所如，而不逾典则。"⑥此"典则"便是从颜字中来，从唐法中来。正是源于颜公的人品、艺品和书风的崇拜与追崇，使东阳终生对颜真卿的追求坚持不懈。

他在《书颜鲁公祭文稿后》说："如西安所刻坐位帖者是也。漂本序稿，予尝见其真迹于蒋御史宗谊家。始知石刻去墨迹远甚，恨坐帖真迹之不见于世也。此稿乃在东京时祭伯父文，尝于陆詹事廉伯家见之。少宰李叔渊得以相视，吴文定公及邃庵杨都宪皆有题识，方与乔亚卿希大三复抚玩，又不知此书曾有石刻否，有之当复何如。姑始卷末，以俟知者。"⑦

可知，只要是颜公的书迹，哪怕是刻帖，东阳都尽力搜之，更恨不见墨迹。

---

① 〔明〕李东阳撰、周寅宾校点：《李东阳集》一，岳麓书社，2008年，第166页。
② 〔明〕李东阳撰、钱振民校点：《李东阳集》四，岳麓书社，2008年，第22页。
③ 〔明〕李东阳撰、周寅宾校点：《李东阳集》三，岳麓书社，2008年，第1519页。
④ 〔明〕李东阳撰、周寅宾校点：《李东阳集》二，岳麓书社，2008年，第674页。
⑤ 〔明〕李东阳撰、周寅宾校点：《李东阳集》三，岳麓书社，2008年，第1123页。
⑥ 〔明〕李东阳撰、周寅宾校点：《李东阳集》一，岳麓书社，2008年，第2页。
⑦ 〔明〕李东阳撰、周寅宾校点：《李东阳集》三，岳麓书社，2008年，第1123页。

当他见到墨迹真迹时三复抚玩，还想拿刻帖与之比较，足见东阳对颜公的书法研究之细之深，以及颜书尚法之深刻影响。

正是对颜真卿极其纵深的研究，东阳从颜公身上悟通了"物艺乃于书法通"[①]的道理，悟透了"屋漏痕和古钗脚"[②]的真谛，悟到了"一从篆隶入行草"[③]的方法，特别是用颜真卿篆书融入草、楷、行的方法。可以说李东阳后来专学怀素和专攻《石鼓》篆书的复古革新的路数，都受到颜真卿或深或浅的不同程度的影响。

另外，关于颜公对东阳的影响从一个侧面可以说明，东阳不仅自己习颜，而且影响其门生习颜。这可以从晚明王世贞在《弇州山人稿·国朝明贤遗墨跋》对其门人李梦阳书法的评价中看到："尝见（李梦阳）写七尺碑，大有颜平原笔。"[④] 又晚明朱谋垔评梦阳书法也谈到"仿颜鲁公"[⑤]。还有一位门人何景明亦在东阳影响下习颜，对此《续书史会要》评其曰："欲效颜体而未脱去努张之势。"[⑥]

关于景明学东阳书法，晚明王世贞在《弇州山人稿·国朝明贤遗墨跋》中有明载："景明书法仿李长沙，而指小滞。"[⑦]

再有，东阳门人爱徒邵宝专学颜字，写得一手好颜体，亦是受东阳之影响。可见东阳对颜字喜欢是入心入骨的，不仅自己学，而且身体力行地传承颜字。

上述论述的是颜公对东阳的影响。实际上，东阳习唐法不仅受颜公影响，他还旁及唐人欧、虞、柳，特别是乡贤怀素等。

诸如习欧。早在儿时，父亲就向李东阳灌输欧阳询《化度寺》和《九成宫》如何好的思想。对此他在《书化度寺帖后》回忆道："予儿时亟闻先憩庵府

① 〔明〕李东阳撰、周寅宾校点：《李东阳集》一，岳麓书社，2008年，第88页。
② 〔明〕李东阳撰、周寅宾校点：《李东阳集》一，岳麓书社，2008年，第88页。
③ 〔明〕李东阳撰、周寅宾校点：《李东阳集》一，岳麓书社，2008年，第88页。
④ 转引自〔清〕倪涛纂辑：《六艺之一录》，浙江人民美术出版社，2015年，第7464页。
⑤ 〔明〕朱谋垔撰、徐美洁点校：《续书史会要》，浙江人民美术出版社，2012年，第345页。
⑥ 〔明〕朱谋垔撰、徐美洁点校：《续书史会要》，浙江人民美术出版社，2012年，第346页。
⑦ 转引自〔清〕倪涛纂辑：《六艺之一录》，浙江人民美术出版社，2015年，第7464页。

君称《化度寺帖》妙出《九成宫》右，而未获见，见《汝帖》数十字已磨灭不可视，每以为恨。"① 可见，东阳对父亲教习唐人法刻骨铭心，并一直追寻着，只恨未见原拓。

诸如习虞。李东阳对虞研究亦不浅，他在《李东阳集（四）·续集卷之十二·题跋十八首·书虞世南墨迹后》谈道：

"右虞秘监所书《汝南公主墓志》草稿，《宣和书谱》实载其名。今太宰水村陆公尝见于吴中，购之不得。越三十年，未始不往来于怀。比属其弟长卿购至京师，间以相视。观其笔势圆活，戈法尚存，前辈风流，宛然在目，惜其有叙无铭，尚可征为贞观间物。世所传虞书石刻，虽结构齐整，而生意索然。然则墨迹之未泯者，恶可不知所宝哉！陆氏子孙其世守之。"②

当听到世间有人见过虞世南真迹又不得见时，仍一直苦苦追寻，直至在三十年后见到墨迹顿悟颇多。这不是浅尝辄止，而是坚持不懈的追求。

诸如习柳。他在《书柳诚悬处州帖后》载：

"颜鲁公楷法严重，而行草流动，首尾贯串，若无端倪。柳诚悬此帖，深稳酝藉，与世所传石刻矜持结束弦直而铁屈者，如出二手。……所谓筋与骨者固在也。"③

可见东阳不仅对颜字深入研究，而且对柳书研究亦异常深入，故他对"颜筋柳骨"理解得极其深刻，并多有汲取，这在东阳书迹，特别是楷字楷法中有所体现。

东阳不仅习唐颜、欧、虞、柳，但凡能搜得到的唐碑唐帖，均一并取之。他在《书林藻帖后》谈到唐林藻书迹时说：

"右唐林藻《深慰帖》。藻，字纬乾，莆田人，父披，为饶阳郡守，有子九人，世所称九牧林氏者也。藻，贞元七年进士，尝试《珠还合浦赋》，人谓之神助，官至岭南节度副使，有书名，而传世甚少，宋《宣和画谱》所载惟此而已。

---

① 〔明〕李东阳撰、周寅宾校点：《李东阳集》三，岳麓书社，2008年，第1122页。
② 〔明〕李东阳撰、周寅宾校点：《李东阳集》一，岳麓书社，2008年，第294页。
③ 〔明〕李东阳撰、周寅宾校点：《李东阳集》三，岳麓书社，2008年，第1120页。

今唐帖如欧、虞、颜、柳世所传者皆不复见，况其余乎！此帖仅一纸，历数百年而不失，可谓难矣，匏庵先生得而藏之，因为题其后。"①可见对唐人唐法研究深入，并为我所用。

最后谈乡贤怀素对其影响。

怀素（737—799，一说725—785），字藏真，俗姓钱，永州零陵（今湖南零陵）人，盛唐时期书法家，以"狂草"名世，与张旭齐名，史称"颠张狂素"。

东阳深受怀素影响，究其原因有四。一是受时人尊为"草圣"的张弼取法怀素的成功经验之影响；二是受宋人黄庭坚从怀素中来而在唐后使草书再次达到新高度的极大成功影响；三是受唐人颜真卿直取怀素真谛而成一代大家的典范影响；四是东阳与怀素乡情之影响。东阳从怀素处学到了草书三昧，特别是怀素以篆书入草书的中锋用笔的真谛，启发了东阳坚定用篆书来营养隶、草、楷、行的复古思想，以及参篆书来改造馆阁书体的复古行动。

关于东阳学乡贤怀素并受其影响巨大，文徵明在《西涯遗翰》中评价道：

"西涯先生……晚年踪间任意，优入颠素之域，真一代之杰作也……"事实如此，我们可以从湘博藏李东阳草书《自书诗卷》中明显看到怀素《自序帖》和《千金帖》之影响。

怀素对李东阳之所以影响之大，得益于东阳对怀素终其一生的追求。东阳是如何追求的呢？当在苦等寻觅真迹，终于在三十六岁时看到梦寐以求的怀素真迹时，表达了对怀素《自序帖》的心情。他在《观怀素自序帖真迹，柬原博太史》中谈道：

"吾乡上人老藏真，挥毫作字精入神。金书石刻世已少，况乃缣素随风尘。大江东南天万里，流落数伙骊龙珍。百尺高门若深海，腰缠欲入茫无津。吴公好古得奇货，传借数手来乡邻。后堂开扃许坐我，展卷故觉情相亲。嗟予生晚见亦晚，三十六年空复春。苏黄二老尚莫睹，犹喜未乏前生因。向来摹本已酷似，昔见其影今其真。临池对影不自陋，涂抹欲效两施颦。愿携纸

①〔明〕李东阳撰、周寅宾校点：《李东阳集》二，岳麓书社，2008年，第676页。

墨就几格，亟往不避僮奴嗔。余光东壁幸不惜，且复照我西家贫。请君勿返连城璧，留待他日慕蔺人。"①

用"嗟予生晚见亦晚，三十六年空复春"来形容相见恨晚的心情。用"骊龙珍"来形容"至尊无上"的无比珍贵地位，心情是何等的心潮澎湃，何等的相见恨晚。当然最终打动东阳的是《自序帖》展示的"精入神"的神采与气韵。"精"是精美无比，精华凸现；"神"是神采的展现，神韵的散发。"精神"是"精品"渐入"神品"的高度与境界。从三十六岁第一次见到怀素真迹后，时隔十五年，已是五十一岁的李东阳，当他再次看到《自序帖》并为其跋尾时，心情依然是无比崇敬，依旧是反复观摩，仍然是爱不释手。对此他在《题怀素自序帖后》谈道：

"《怀素自叙帖》本苏舜钦家物，前六行乃舜钦所补，见于《书谱》。而此卷正合，其为真迹无疑。然具眼者观之，因不待此也。旧闻秘阁有石本，今不及见。见此卷于少师谦斋徐公者再，往复披玩，不能释手，敬识而归之。弘治十一年九月三日长沙李东阳。"②

为此在写完《跋尾》后，还在《自序帖》的引首题上"藏真自序"四个篆书大字，他要用自己得意的篆书来认真写引首，以示崇敬。关于东阳对自己的篆书得意和自负，可以在其《与杨邃庵书》中领略到：

"至于笔墨点画，未尝有百日之功，今日所写，明日已不欲观，以为常病，此病太差，未可以言进也。独篆书法颇觉顿悟，此业者成，则于前辈不敢多让。"③

最后从《怀素自序帖跋尾》来看，虽在李东阳手中展卷把玩研究的时间有限，但在有限的时间中写出的《跋尾》，可以明显地看到有怀素的形与神的影子。如"素"字与《自序帖》的"怀素"的"素"字，以及"归之"与《自序帖》中的"满堂"的形连等，这是形似；再看通篇《跋尾》的神采与气韵，

---

① 〔明〕李东阳撰、周寅宾校点：《李东阳集》一，岳麓书社，2008年，第168页。
② 〔明〕李东阳撰、钱振民校点：《李东阳集》四，岳麓书社，2008年，第321页。
③ 〔明〕李东阳撰、周寅宾校点：《李东阳集》二，岳麓书社，2008年，第572页。

怀素"精入神"的几分意就在其中。

四看受晋人的影响。

晋代书法是中国书法史上的一座巅峰，是秦篆和汉隶达到顶峰之后草、楷、行再次达到另一高峰的时期，是五体皆备的时期。这一时期以尚韵为风尚，其后，唐尚法、宋尚意、明尚态、清尚质都无法与之媲美。这是书法史上无以超越的时代，故后人习书法都无法绕过晋代。东阳亦然。综而观之，东阳受晋人的影响原因有四。一是父亲李淳的"晋帖唐书饱探索"思想直接影响的结果。二是岳父岳正"论书法，必穷汉晋之源"的思想直接影响。三是受元赵孟頫"以晋为正""得其风韵"复古创新思想的影响。事实上，李东阳的复古创新思想正是通过复古晋韵来达到有效的拯救走入死胡同的馆阁书体的行动中来。四是受陈献章"魏晋名家是一关"思想影响。

那么李东阳到底有多钟爱《晋帖》和《二王帖》呢？在二父和赵孟頫、陈献章的影响下，李东阳直追《晋帖》，日月积累，天天勤临。他在《续集·补遗·文补遗·卷之一·题刘原父书〈南华秋水篇〉后》中为我们道出了消息：

"宋人书法近古，苏、黄诸大家外，如……连日阅《晋帖》，抚此又不觉其三叹也。成化丁未夏六月二十七日长沙李东阳识。"[1]

从这个题识透露的"连日阅《晋帖》"可见，这是东阳必须坚持的日课。虽然我们很难从东阳的书迹中明显看到晋人"二王"的直接影子，但是他的游离于当时馆阁体的书迹中体现出的"晋韵"之味还是能略见一二。

五看受古篆之影响。

大篆流行于先秦，小篆流行于秦始皇公元前 221 年统一中国时的"书同文"。篆书自汉之后随之衰落，至唐宋更甚，元明清又有复振之意。那么东阳为何会在明中期不重视、不流行篆体的大环境下，爱上古篆专攻古篆，并受其影响之深呢？一是从时人张弼书法中悟到"一从篆隶变行草"的革新思想和创作实践成功经验而来。二是从元人赵孟頫和伯温、太朴、期颐四家篆迹复古善篆思想和成功经验而来。三是从唐人颜真卿和怀素参篆入草、楷、

---

[1] 〔明〕李东阳撰、钱振民校点：《李东阳集》四，岳麓书社，2008年，第321页。

行的路数中来。四是从自己复古改革馆阁书的思想上溯到秦汉乃至先秦篆、隶创作实践的行动中来。

纵观中国书法史，明李东阳能载入史册，具有举足轻重的地位，很大原因和他复古思想与用行动改革挽救馆阁书体，以及他的篆书达到的高度有关。那么，到底东阳篆书水准有多高呢？这在其自我评价和后朝人评价中皆可窥其一斑。先看自我评价。东阳对自己篆、隶、草、楷、行五体最自信自负的是篆书，为此他在为《与杨邃庵书》中非常自信地说：

"至于笔墨点画，未尝有百日之功，今日所写，明日已不欲观，以为常病，此病不差，未可以言进也。独篆书法颇觉顿悟，此业若成，则于前辈不敢多让。"①

直接用"则于前辈不敢多让"表达自信，而且众人评价亦十分之高。同门杨一清在为其撰写的《怀麓堂诗稿序》中评价道：

"至其众体皆备，无所不宜，探之而益深，索之而益远，则如大河之源……"② 称赞其"众体皆备"，当然也包括其篆书。

杨一清又在《李东阳墓志铭》中评价道："真、行、草、隶，但有法，而篆书则一划近习，复古功为大乐。"③ 称赞其篆书"复古之功"。挚友杨一清对李东阳是最了解不过的，评价客观真实可信。

对其篆书高度评价的还有很多。明中晚期何良俊，在《四友斋丛说》卷二十七载："宪、孝朝，李西涯与乔白岩用小篆。徐子仁用玉箸，皆入妙品。"④ 何的"入妙品"评价是较高了。

晚明丰坊，在《童学书程》中也载："近时李西涯、乔白岩二公出，一扫弊习，追宗古人，其篆法之中兴欤。"⑤ 除弊习、追古人、中兴篆法，功何其大焉。其弟子邵宝《容春堂集》中也谈到了取法问题："公真、行、草皆自古篆中来，晋以上时取之耳，故所成如此，若不求源而惟体之逐，岂知公

① 〔明〕李东阳撰、周寅宾校点：《李东阳集》二，岳麓书社，2008年，第572页。

② 〔明〕李东阳撰、周寅宾校点：《李东阳集》一，岳麓书社，2008年，第2页。

③ 〔明〕李东阳撰、周寅宾校点：《李东阳集》三，岳麓书社，2008年，第1539页。

④ 〔明〕何良俊撰：《四友斋丛说》明万历七年龚元成刻本。

⑤ 转引自崔尔平选编点校：《明清书法论文选》，上海书店出版社，1994年，第119页。

书哉！"①

晚明李日华撰《六研斋笔记》也论述道："昭代篆法惟李西涯擅长，观其收元周伯温、危太朴、赵期颐诸家篆迹，惟期颐为最，惜其流传之少。余玩味期颐浑朴高古，传以《禹碑》《周鼓》为宗，无一笔阳冰、择木，所以深当涯翁之意也。"②李日华用"惟……擅长"来说明他的篆书在当时是鹤立鸡群的。又从东阳收元三家篆迹来看，我们可以知晓东阳不仅复古上溯到秦汉，而且上溯到先秦古篆的《禹碑》和《周鼓》，可见穷源之境。

东阳的篆书名气非常之大，对此清康熙间《明史》总裁官王鸿绪在《李东阳传》中记述道："购请诗文篆者填塞户限，颇资以给朝夕。"③同时，东阳自己也谈到这种被追崇的"凡持以求识者无虚旬月"场面。总结东阳篆书名气大，归根结底的原因是爱《周鼓》、习《周鼓》、研《周鼓》之深。这可从他为《周鼓》所写《石鼓歌》长诗窥其一二。他在《石鼓歌》中云："骤看笔势寻风骨，细剔苔痕认斑驳。……我生学篆希前踪，回视俗书羞龌龊。力崇雅素去浇浮，每向迷途问先觉。"④可见"我生学篆希前踪"的书学思想是其成功的关键。

关于李东阳的篆书水准，我们从他为乡贤怀素《自序帖》写的引首篆书四大字"藏真自序"和为好友吴宽等所写的行书卷题引首的"南冈"二大字等书迹领略其风采。明显可看到结字上受李斯《峄山碑》《泰山刻石》等影响，在笔意与气息上明显看到他取法《石鼓文》的古拙、圆融、浑厚特征。再者，我们可以从他的真、行、草三体书迹明显可以看到参入篆书的古拙逆涩之用笔，以及秦汉上溯到先秦篆书的古雅气息。

（三）文学、画学的相互影响

文学包括诗和文，画学包括书与画。

---

①转引自〔清〕倪涛纂辑：《六艺之一录》，浙江人民美术出版社，2015年，第7410-7412页。

②〔明〕李日华撰：《六研斋笔记》文渊阁四库全书本。

③〔明〕李东阳撰、周寅宾校点：《李东阳集》三，岳麓书社，2008年，第1543页。

④〔明〕李东阳撰、钱振民校点：《李东阳集》四，岳麓书社，2008年，第131页。

　　实际上诗文书画是一体的，达者一通百通，不达者一窍不通。自古文人艺术家的标准是诗文书画皆通，历史上典型的有晋之王羲之，唐之王维，宋之苏轼、米芾和赵佶，元之赵孟頫、倪瓒，明之李东阳、董其昌、文徵明、唐寅等，他们皆是诗文书画通达的全才。就李东阳来说，他当时不仅是文学坛主，茶陵诗派开派鼻祖，而且还是书学坛主，为此他领袖文坛、诗派、书界达四十余年之久。他的书学和画学有如此之高的境界与成就，其成功的最大的奥秘在于文学学养深厚。

　　先看文学之影响。

　　文学对东阳的书画影响主要体现在两个方面：一是二父从小对其文学的教习打下的坚实基础；二是展毓、黎淳、刘定之、柯潜四师对东阳文学重点精心培养夯实基础。正是具备扎实的文化根基、文学基础，才使得他在十八岁殿试中荣获二甲一名的好成绩，正是其深厚的功底，使得东阳早得文学之名。事实上东阳诸多的书理和画理都是从他的文学创作积累心得中顿悟或渐悟出来的。

　　如他的"必为唐、必为宋"的书学思想，就是从他的诗学思想中得来的。这源于他在《镜川先生诗集序》中谈诗的思想：

　　"汉唐及宋，代与格殊。逮乎元季，则愈杂矣。今之为诗者，能轶宋窥唐，已为极致。两汉之体，已不复讲。而或者又曰：'必为唐，必为宋'……"①

　　又如他在《跋马抑之所藏二帖》中提出了"在意不在形"的著名画学思想观点，就是从《怀麓堂诗话》论诗"诗贵意，意贵远不贵近，贵淡不贵浓。浓而近者易识，淡而远者难知"②中悟道的。

　　又如他在《题宋舍人草书后》中提出了"出入变化，不主故常"③的著名画学思想观点，则是从《诗话》论诗"长篇中须有节奏，有操，有纵，有正，有变，若平铺隐布，虽多无益"④中悟道的。

---

① 〔明〕李东阳撰、周寅宾校点：《李东阳集》一，岳麓书社，2008年，第483页。

② 〔明〕李东阳撰、周寅宾校点：《李东阳集》三，岳麓书社，2008年，第1501页。

③ 〔明〕李东阳撰、周寅宾校点：《李东阳集》三，岳麓书社，2008年，第1108页。

④ 〔明〕李东阳撰、周寅宾校点：《李东阳集》三，岳麓书社，2008年，第1505页。

又如他从《诗话》"作山林诗易，作台阁诗难，山林或失之野，台阁诗或失之俗。野可犯，俗不可犯也。盖惟李杜能兼二者之妙"[1]中提出"兼二者之妙"的诗学思想观点。

东阳不仅论诗如此，而且巧妙地将诗学的"兼二者之妙"借入画学之用。最为典型的是东阳穷其一生追求"台阁的典则之规范"与"山林的野逸之自由"的"兼二者之妙"，追求"台阁气"和"山林气"的"兼二者之妙"。因此，我们看到东阳后期的作品明显带有融台阁的"朝"与山林的"野"之间的"兼二者之妙"，融"典则"与"自由"的"兼二者之妙"的新风气，显然冲破了台阁"典则"之束缚。

又如在《惠崇沙鸟图为邃庵题》中论道："从来诗画可通神，问渠诗思还能否？"[2]明确提出"诗画通神"的艺术鉴评思想，这是诗画融通的悟道。

以上仅仅是略举关于文学对东阳画学思想产生影响的案例而已。从中我们可以得到重大启示，学好书画是离不开文学之母孕育，离不开文学这块大土壤大基石而独立存在的，否则多是空中楼阁。对此，我们对当代人能写书法、不通书理就称大师，能写几笔毛笔字就称书法家提出了警醒，也对当下书法教育中五天或十天速成书法教育行为提出警醒。

次看书画学的互相影响。

东阳不仅仅是出色的书法家，还是一位极通书理画理的书画大家，所以他的成功在于书画互相影响，互相促进。

《题李龙眠临卫协高士图》中论道："书家重人品，画法本相通。"[3]这是论述艺品与人品的关系，同时也是论述画法与书法相通的道理。《题陆宽瘦竹卷》中论道："近从画竹得篆法，坐对凉阴刻寒玉。终教笔硬可通神，且赏骨多能胜肉。江左诗翁太瘦生，墨竹篆书皆绝俗……"[4]绘画对书法的影响即"近从画竹得篆法"和书画互相影响即"墨竹篆书皆绝俗"，此乃

---

[1]〔明〕李东阳撰、周寅宾校点：《李东阳集》三，岳麓书社，2008年，第1519页。

[2]〔明〕李东阳撰、钱振民校点：《李东阳集》四，岳麓书社，2008年，第8页。

[3]〔明〕李东阳撰、周寅宾校点：《李东阳集》四，岳麓书社，2008年，第22页。

[4]〔明〕李东阳撰、周寅宾校点：《李东阳集》一，岳麓书社，2008年，第171页。

道出了"书从画出，画从书入"的画学真理，这是书画融通精通的典型悟道。

《题米元晖云山图卷，送木斋先生致正归南》中明确提出书画互通的思想观点："由来画与书法通，外极秀发中藏锋。"①

关于"画与书法通"的思想观点，东阳在《诗稿卷之八·题宋舍人草书后》论书法谈道："……殆其出入变化，不主故常……"②提出著名的"出入变化，不主故常"的书论思想。

《题括苍陈氏画》中论绘画云："摹拟肖似，而极于变化"③提出了"论画，极于变化"的画论思想。

上述书论"出入变化"和画论的"极于变化"，正是画学求变的思想的体现，很难说是书论影响画论，还是画论影响书论，只能说是书画理论与思想的相互交融影响。

三、李东阳书画论

李东阳书画论是李东阳书画艺术极其重要的组成部分。本人耗时一年搜集资料，并学习北宋司马光著《资治通鉴》先做详载的资料长编的方法，析得李东阳书画论多达435篇，其中书论103篇，画论247篇，书画论外一种85篇，并完成了《李东阳书画论笺注》一书的文稿。

（一）李东阳书论

1. 李东阳书论中的妙论

先解释一下"妙"的含义。

"妙"中国书法理论的重要范畴，如神妙、奇妙、妙悟、妙旨、妙境、传神之妙等。用于对书法作品的审美评价，指出于自然天工，较为内在、较

---

① 〔明〕李东阳撰、周寅宾校点：《李东阳集》二，岳麓书社，2008年，第826页。

② 〔明〕李东阳撰、周寅宾校点：《李东阳集》三，岳麓书社，2008年，第1108页。

③ 〔明〕李东阳撰、周寅宾校点：《李东阳集》三，岳麓书社，2008年，第658页。

《李东阳书画论笺注》书影

有意味的美，与"道""无""自然"相联系。其特点在于体现"道"的无限性，出于自然而归于自然。超越有限物象，具有广泛的内涵。

如：《答罗明仲草书歌》：

"草书之妙谁绝伦，我欲从之羞效颦。"

（《李东阳集（一）·诗稿卷之三·长短句》第 95 页）

《书碧落碑后》：

"今观补字非子行不能作也，独跋语谓以籀文归小篆为妙绝，恐未必然。周伯琦疑其杂出诸体者得之，盖其妙在笔不在体也。"

（《李东阳集（二）·文稿卷之二十一·题 跋》第 672 页）

《太原宋生灏手刻先君字法手稿，赠之以诗，时生已授广平通判矣（正德三年十二月三日）》：

"吾家府君妙楷法，晋帖唐书饱探索。"

（《李东阳集（二）·诗后稿卷之三·七言古诗》第 831 页）

以上所举例之"妙"均体现"道"的无限性，出于自然而归于自然，超越有限物象。

2.李东阳书论中的神韵论

先解释一下"神"。"神"是中国书画理论的重要范畴。神，既可体现作品内在的神气与精神，又可体现创作者的神采与精神。前者为客体之神，后者为主体之神，将两者高度统一，即通过书法作品中的神气来体现创作主体的精神个性。神为书之极品，是书家追求的至境，当兴之所至、天机自发时作书，心手双忘，笔墨俱化，笔与冥运，有如神助，达到自然随化、风神卓然之境，生气勃勃的精神意志在作品中氤氲涵蕴，唤出心灵那超出言辞之外的深层意义，传达出一种不可言喻的情思和电光火花般的灵感，具有深层审美体验价值，充满生气、充满艺术的永恒的魅力。"神"具有不可预测、变化、自然、中和等特点。在古代书论中运用极广泛，具有多种复杂的含义。

试举例如下。

《答罗明仲草书歌》：

"十年摹写未必似，偶然落笔还通神。"

（《李东阳集（一）·诗稿卷之三·长短句》第95页）

此指创作主体在客体激发下产生的喷涌难遏、自然流泻的激情，即创作灵感。

《观怀素自序帖真迹，柬原博太史》：

"吾乡上人老藏真，挥毫作字精入神。"

（《李东阳集（一）·诗稿卷之八·七言古诗》第168页）

此指创作所达到的出神入化的书法至境。

《题宋舍人草书后》：

"但纸用粉笺，岁久剥落，殆无完笔，使观者徒赏其风神而已，惜哉！"

（《李东阳集（三）·文后稿卷之十三·赞题铭箴跋》第1108页）

此指书法作品的内在精神本质。

《书欧阳公手帖后二绝》：

"醉翁长恨作书难，道是撑船上急滩。毕竟晚年多自得，尽留风韵与人看。宋代家书自不孤，当时只许蔡君谟。若将晋法论真印，此老风流世亦无。"

（《李东阳集（二）·诗后稿卷之十·七言绝句》第 917 页）

此指高雅的艺术风貌。

《书赵松雪十七帖后》：

"学书者以晋为正，松雪书虽骨格有可议，而得其风韵最多，正坐是哉！"

"后之学松雪者，失其风韵而规规骨格之间，是宜其弗逮远矣。"

（《李东阳集（三）·文后稿卷之十四·题 跋》第 1113 页）

此指书法作品的含蓄而韵味深长的艺术境界。

3. 李东阳书论中的格论

人有人格、风格、品格；书亦有书格、风格、品格。

试举例如下。

《答罗明仲草书歌》：

"君诗在格不在辞，肯与时人斗红紫，吾观草书亦如此。"

（《李东阳集（一）·诗稿卷之三·长短句》第 95 页）

此处指风格、品格。

《题宋舍人草书后》：

"殆其出入变化，不主故常，又非株守一格者比，真翰墨之雄也。"

（《李东阳集（三）·文后稿卷之十三·赞 题 铭 箴 跋》第 1108 页）

此处指风格、品格。

《书赵松雪十七帖后》：

"学书者以晋为正，松雪书虽骨格有可议，而得其风韵最多，正坐是哉！"

"后之学松雪者，失其风韵而规规骨格之间，是宜其弗逮远矣。"

（《李东阳集（三）·文后稿卷之十四·题 跋》第 1113 页）

此指格力、气格。多指强劲有力。

4. 李东阳书论中的自我否定论

试举例如下。

《与杨邃庵书八首（其一）》：

"至于笔墨点画，未尝有百日之功，今日所写，明日已不欲观，以为常病。此病不差，未可以言进也。独篆书法颇觉顿悟，此业若成，则于前辈不敢多让。别后所得，惟此一端。"

（《李东阳集（二）·文稿卷之十四·论语 手简》第 572 页）

5. 李东阳书论中的辩证论

试举例如下。

《题宋舍人草书后》：

"宋舍人仲珩书，评者谓四体皆为国朝第一。其真、草、篆予皆及见之，信然。匏庵少宰所藏草书《樱拂歌》，与王允达舍人家所见稍异，殆其出入变化，不主故常，又非株守一格者比，真翰墨之雄也。但纸用粉笺，岁久剥落，殆无完笔，使观者徒赏其风神而已，惜哉！"

（《李东阳集（三）·文后稿卷之十三·赞 题 铭 箴 跋》第 1108 页）

《书赵松雪十七帖后》：

"学书者以晋为正，松雪书虽骨格有可议，而得其风韵最多，正坐是哉！"

"后之学松雪者，失其风韵而规规骨格之间，是宜其弗逮远矣。"

（《李东阳集（三）·文后稿卷之十四·题 跋》第 1113 页）

6. 李东阳书论中的创变论

试举例如下。

《刘户部所藏张汝弼草书》：

"南安太守东海翁，归来两袖乘天风。眼前万事不挂齿，睥睨六合称书雄。横挥直扫百态出，或舞鸾凤腾蛟龙。一从篆隶变行草，世间此艺难为工。自言早学宋昌裔，晚向怀素逃形踪。公孙大娘不识字，物艺乃与书法通。颜

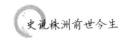
家屋漏古钗脚，纵使异法将无同。"

（《李东阳集（一）·诗稿卷之九·七言古诗》第 182 页）

《题宋舍人草书后》：

"宋舍人仲珩书，评者谓四体皆为国朝第一。其真、草、篆予皆及见之，信然。匏庵少宰所藏草书《稷拂歌》，与王允达舍人家所见稍异，殆其出入变化，不主故常，又非株守一格者比，真翰墨之雄也。"

（《李东阳集（三）·文后稿卷之十三·赞 题 铭 箴 跋》第 1108 页）

《书柳诚悬处州帖后》：

"颜鲁公楷法严重，而行草流动，首尾贯串，若无端倪。柳诚悬此帖，深稳酝藉，与世所传石刻矜持结束弦直而铁屈者，如出二手。观书者固不可一律论哉！世恒谓'颜筋柳骨'，故虽酝藉流动之中，所谓'筋与骨'者固在也。"

（《李东阳集（三）·文后稿卷之十四·题 跋》第 1120 页）

《书颜鲁公祭文稿后》：

"颜公楷法端严，一笔不苟。书家者流，或颇疑其局滞。及其属草之际，流动飞越，莫知端倪，如西安所刻坐位帖者是也。"

（《李东阳集（三）·文后稿卷之十四·题 跋》第 1123 页）

端倪：千变万化，但看不出变化的痕迹。

《题刘原父书南华秋水篇后》：

"宋人书法近古，苏、黄诸大家外，如刘原父，虽不以书自名，而意格亦自得其梗概矣。后人铺置点画，如布棋算。虽穷岁极力，安能有所得哉！连日阅晋帖，抚此又不觉其三叹也。成化丁未夏六月二十七日长沙李东阳识。"

（《李东阳集（四）·续集·补遗·文补遗·卷之一》第 321 页）

此为毫无变化，一览无余。

7. 李东阳书论中的诗文书画相通论

试举例如下。

《答罗明仲草书歌》：

"君诗在格不在辞，肯与时人斗红紫，吾观草书亦如此。"

（《李东阳集（一）·诗稿卷之三·长短句》第 95 页）

《刘户部所藏张汝弼草书》：

"一从篆隶变行草，世间此艺难为工。"

（《李东阳集（一）·诗稿卷之九·七言古诗》第 182 页）

字体相通。

《书沈石田诗稿后》：

"若论其至，亦可以通鬼神夺造化。"

"说者谓诗为有声之画，画为无声之诗。"

（《李东阳集（三）·文后稿卷之十四·题 跋》第 1114 页）

8. 李东阳书论中的似与不似论

试举例如下。

《答罗明仲草书歌》：

"十年摹写未必似，偶然落笔还通神。"

（《李东阳集（一）·诗稿卷之三·长短句》第 95 页）

《太原宋生灏手刻先君字法手稿，赠之以诗，时生已授广平通判矣（正德三年十二月三日）》

"太原宋生得心画，点染毫端付金石。"

"当其腕指所至时，意匠心师两无迹。"

（《李东阳集（二）·诗后稿卷之三·七言古诗》第 831 页）

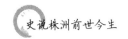

在意，得心画均属于似与不似论范畴。意匠：指构思。心师：佛教用语，我心之师。

9. 李东阳书论中的人品论

试举例如下。

《书蒙翁老先生书画卷后》：

"书家论定价亦定，须识我翁人品高。"

（《李东阳集（一）·诗稿卷之八·七言古诗》第 166 页）

《张东海集序》：

"昔之论书者必先人品，岂惟书哉！"

"使后世知其人之重，则其文益重矣。"

（《李东阳集（四）·续集·文续稿卷之四·序十首》第 180 页）

10. 李东阳书论中的师法论

试举例如下。

《答罗明仲草书歌》：

"罗夫子，君不闻草书在意不在文。"

"君诗在格不在辞，肯与时人斗红紫，吾观草书亦如此。"

"虫书鸟迹不复识，见此再拜真吾师。"

（《李东阳集（一）·诗稿卷之三·长短句》第 95 页）

在意，在格，虫书鸟迹均为师法的对象。

《镜川先生诗集序》：

"今之为诗者，能轶宋窥唐，已为极致。两汉之体，已不复讲。而或者又曰：'必为唐，必为宋。'"

（《李东阳集（二）·文稿卷之八·序》第 483 页）

"必为唐，必为宋"为师法的对象。

《书赵松雪十七帖后》：

"学书者以晋为正，松雪书虽骨格有可议，而得其风韵最多，正坐是哉！"

"后之学松雪者，失其风韵而规规骨格之间，是宜其弗逮远矣。"

（《李东阳集（三）·文后稿卷之十四·题 跋》第 1113 页）

《太原宋生灏手刻先君字法手稿，赠之以诗，时生已授广平通判矣（正德三年十二月三日）》：

"太原宋生得心画，点染毫端付金石。"

"吾家府君妙楷法，晋帖唐书饱探索。"

"当其腕指所至时，意匠心师两无迹。长安俗工不解意，仅有形模少风格。"

（《李东阳集（二）·诗后稿卷之三·七言古诗》第 831 页）

得心画，解意，得晋唐是我们师法的对象。

《石鼓歌》：

"我生学篆希前踪，回视俗书羞龌龊。"

（《李东阳集（四）·续集·诗续稿卷之八》第 131 页）

《题刘原父书南华秋水篇后》：

"宋人书法近古，苏、黄诸大家外，如刘原父，虽不以书自名，而意格亦自得其梗概矣。后人铺置点画，如布棋算。虽穷岁极力，安能有所得哉！连日阅晋帖，抚此又不觉其三叹也。成化丁未夏六月二十七日长沙李东阳识。"

（《李东阳集（四）·续集·补遗·文补遗·卷之一》第 321 页）

11. 李东阳书论中的意论

试举例如下。

先解释一下"意"。

"意"是中国书法理论的重要范畴。通常指书家的主观意识在书法创作中的表现；或是通过书法作品所表达的意义、思想内容和审美意境等，即创作主体流露于整幅作品之间的一种气质、风度及精神境界。

意在中国书论里，具有三方面意义：

　　一是书家主观的意，指书家创作过程上的情感、构思、愿望和精神境界等，如情意、心意、立意、随意、意气等。

　　二是作品表现的意，指书法作品中流露出的书家的气质风度及笔墨意趣，如古意、笔意、率意、新意等。

　　三是主客观相融之意，中国书法把"意"作为一个独立的审美范畴，将"意"与"象"相连，与"境"相合，发展成"意象""意境"等理论体系。此"意象"皆指书家主观情思与客观物象的结合。

　　《答罗明仲草书歌》：

　　罗夫子，君不闻草书在意不在文。

（《李东阳集（一）·诗稿卷之三·长短句》第 95 页）

　　书家主观的意、作品表现的意、主客观相融之意，以上三种"意"都有。

　　《书蒙翁老先生书画卷后》：

　　"有时意匠入幽渺，力与造化争纤毫。"

（《李东阳集（一）·诗稿卷之八·七言古诗》第 166 页）

　　此指书家主观的意。

　　《题山谷墨迹后》：

　　"肥欲有骨，瘦欲有肉"。此山谷论书语。今观此帖，当识此老笔意。

（《李东阳集（二）·文稿卷之二十一·题 跋》第 665 页）

　　作品表现的意。指书法作品中流露出书家的气质风度及笔墨意趣。

　　《跋马抑之所藏二帖》：

　　此帖书法，真得屋漏痕意，当是山谷真笔无疑。吾蒙泉翁极通书法，省所题识意亦可见。古称名家者，固有定价不可易也。马君善书，其宝此固宜。而邢礼部题此，若疑非真迹，不可晓也。子昂临右军十七帖，非此老不能为此书。然观者掩卷，知为吴兴笔也。大抵效古人书，在意不在形，优孟效孙叔敖法耳。献之尝窃效右军醉笔，右军观之，叹其过醉，献之始愧服以为不可及。此其形体当极肖似，而中不可乱者如此。能书者当自知之。

（《李东阳集（二）·文稿卷之二十·箴铭赞引题跋》第 660 页）

书家主观的意、作品表现的意、主客观相融之意，以上三种"意"都有。

《太原宋生灏手刻先君字法手稿，赠之以诗，时生已授广平通判矣（正德三年十二月三日）》：

"当其腕指所至时，意匠心师两无迹。长安俗工不解意，仅有形模少风格。"

（《李东阳集（二）·诗后稿卷之三·七言古诗》第 831 页）

书家主观的意、作品表现的意、主客观相融之意，以上三种"意"都有。

（二）李东阳画论

1. 李东阳画论中的自我状态

试举例如下。

《陈玉汝所藏朱泽民画》：

"我生不学画，入眼分丑好。"

（《李东阳集（一）·诗稿卷之五·五言古诗》第 122 页）

《沈刑部所藏墨竹歌》：

"我非能画却能看，别有苦思通幽玄。"

（《李东阳集（一）·诗稿卷之七·七言古诗》第 147 页）

《题括苍陈氏画》：

"予生不习画，手不能举笔运纸，而凡为位置高下，皆不能外乎吾心；口不能指摘年代，辨阅名氏，而凡为妍媸工拙、清浊雅俗，皆不能逃乎吾目。平居未尝费一钱之购，无寸纸尺素之藏，凡持以求题识者无虚旬月，至辄悬之斋阁，坐卧其间，后先相代，而吾家未尝无画。盖吾之于画，犹元亮之于琴，子瞻之于酒也。"

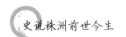

（《李东阳集（二）·文稿卷之二十·箴铭赞引题跋》第 658 页）

2. 李东阳画论中之以书入画论

试举例如下。

《王祠祭希曾所藏汝和红菊歌》：

"直将书法写此花。"

（《李东阳集（一）·诗稿卷之七·七言古诗》第 157 页）

《题李龙眠临卫协高士图》：

"书家重人品，画法本相通。"

（《李东阳集（四）·续集·诗续稿卷之二》第 22 页）

《倪元镇山水图为胡中书颐题，次元镇画中韵》：

"画图与诗卷，天地长为留。"

（《李东阳集（四）·续集·诗续稿卷之四》第 60 页）

《题画六》：

"好是王维诗里画，画中那复更题诗。"

（《李东阳集（一）·诗稿卷之二十·七言绝句》第 358 页）

《题陆宽瘦竹卷》：

"近从画竹得篆法。"

（《李东阳集（一）·诗稿卷之八·七言古诗》第 171 页）

《书马远画水卷后》：

"吾不识画格，直以书法断之。"

（《李东阳集（二）·卷之二十一·题跋》第 675 页）

《题米元晖云山图卷，送木斋先生致政归南》：

"由来画与书法通，外极秀发中藏锋。"

（《李东阳集（二）·诗后稿卷之三·七言古诗》第 826 页）

《惠崇沙鸟图为邃庵题》：

"从来诗画可通神，问渠诗思还能否？"

（《李东阳集（四）·续集·诗续稿卷之一》第 10 页）

3. 李东阳画论中之画外、象外论

试举例如下。

《捕鱼图歌》：

"吾生有兴不在鱼，披图见画已有余。"

（《李东阳集（一）·诗稿卷之三·长短句》第 95 页）

《王世赏所藏林良双凤图》：

"由来象外有神助。"

（《李东阳集（一）·诗稿卷之七·七言古诗》第 157 页）

《书马远画水卷后》：

"中间江水尤奇绝，出笔墨蹊径外，真坡老所谓活水也。"

（《李东阳集（二）·卷之二十一·题 跋》第 675 页）

《书杏园雅集图卷后》：

"盖当谈笑偃仰之余，仓卒摹写，宜有得乎笔墨之外。"

（《李东阳集（三）·文后稿卷之十三·赞 题 铭 箴 跋》第 1109 页）

《书五贤遗像后》：

"国贤好古力学，盖有出乎图象之外。"

（《李东阳集（三）·文后稿卷之十三·赞 题 铭 箴 跋》第 1111 页）

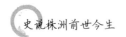

4. 李东阳画论中的似与不似论

试举例如下。

《画松，为顾良弼主事题》：

"画松不必真似松，风骨略与画马同。"

（《李东阳集（一）·诗稿卷之七·七言古诗》第 149 页）

《彭学士先生所藏刘进画鱼二首》：

"画图贵似不必似，却恐有意伤雕镂。"

（《李东阳集（一）·诗稿卷之七·七言古诗》第 157 页）

《竹林七贤图》：

"丹青点染半形似。"

（《李东阳集（一）·诗稿卷之九·七言古诗》第 187 页）

5. 李东阳画论中之论画之功能

试举例如下。

《女孝经图跋》：

"夫画之为用，亦浅矣。及其至，或可以感善创恶，出于言语文字之外，而施之妇女童孺尤宜。使其据事指物，因辞以达意，如后妃之闲静，姜女之贞烈，樊女之忠让，骊姬之狠戾，宜亦有悚然而兴、惕然而惧者矣。"

（《李东阳集（三）·卷之十三·赞题铭箴跋》第 1107 页）

6. 李东阳画论中之神论

先解释一下"神"。

"神"是中国书画理论的重要范畴。

"神"，既可体现作品内在的神气与精神，又可体现创作者的神采与精神。前者为客体之神，后者为主体之神，将两者高度统一，即通过书法作品中的神气来体现创作主体的精神个性。

"神"具有不可预测、变化、自然、中和等特点。在古代书论中运用极广泛，具有多种复杂的含义。

试举例如下。

《王世赏所藏林良双凤图》：

"由来象外有神助。"

（《李东阳集（一）·诗稿卷之七·七言古诗》第 157 页）

源于中国古代哲学宇宙之神。书画创作中多指创作主体在客体激发下产生的喷涌难遏、自然流泻的激情，即创作灵感。

《题衍圣公所藏画竹》：

"古来写竹如写神，仓卒应接皆天真。"

（《李东阳集（二）·诗后稿卷之三·七言古诗》第 825 页）

《题杜古狂画寿张封君，为礼部员外继孟作》：

"杜狂作画如写神，朱颜皓发真仙人。"

（《李东阳集（二）·诗后稿卷之三·七言古诗》第 833 页）

此"写神"一指审美体验主体的内在精神本质，如神气、精神等。二指绘画作品的内在精神本质，如神采、神韵、神妙、风神等。

《题子昂画马图卷，上有冯海粟诗，因次其韵》：

"韩干挥毫漫有神。"

（《李东阳集（四）·续集·卷之五》第 84 页）

指创作主体的精神、心灵以及创作中的艺术思维活动，指创作时精神的专一或精神的自由超越。

《惠崇沙鸟图为邃庵题》：

"从来诗画可通神。"

（《李东阳集（四）·续集·诗续稿卷之一》第 10 页）

《题陆宽瘦竹卷》：

"终教笔硬可通神，且赏骨多能胜肉。"

（《李东阳集（一）·诗稿卷之八·七言古诗》第 171 页）

此"通神"体现作品内在的神气与精神，又可体现创作者的神采与精神。

7. 李东阳画论中之画格论

人有人格、风格、品格；画亦有画格、风格、品格。

试举例如下。

《题钱世恒所藏王孟端墨松卷，次饶介之旧韵》：

"左慈幻术有真伪，叶公画格空雄雌。"

（《李东阳集（一）·诗稿卷之七·七言古诗》第 158 页）

此指风格。

《题沈启南所藏郭忠恕雪霁江行图真迹》：

"更闻篆法书绝伦，二物殊科乃同格。"

（《李东阳集（一）·卷之八·七言古诗》第 160 页）

此指品格。

《奉题蒙翁山水图》：

"此格今无古亦稀，何人画与诗兼好？"

"此山此水不再得，要与文字留千年。"

（《李东阳集（四）·续集·诗续稿卷之四》第 61 页）

《书杨侍郎所藏沈启南画卷》：

"沈启南以诗画名吴中，其画格率出诗意，无描写界画之态。"

（《李东阳集（二）·卷之二十一·题 跋》第 670 页）

《题王维诗意图》：

"王丞诗家流，画格亦天与。"

（《李东阳集（一）·诗稿卷之五·五言古诗》第 125 页）

以上均指风格、品格。

8. 李东阳画论中的经营论

举例如下。

《题沈启南所藏郭忠恕雪霁江行图真迹》：

"有时点染入毫忽，决眦未须论寸尺。"

（《李东阳集（一）·卷之八·七言古诗》第 160 页）

《题清明上河图上有先提举跋》：

"翰林画史张择端，研朱吮墨镂心肝。细穷毫发伙千万，直与造化争雕镌。"

（《李东阳集（一）·诗稿卷之九·七言古诗》第 184 页）

《题括苍陈氏画》：

"及其至也，亦足以攘造化之巧，达幽明之际，感发心志，流通精神，画亦未可少哉！故其为道，始于摹拟肖似，而极于变化，千形万状，不可窥测，上下数千百年，变而为数十百家，其所为所见亦有不同，而同归于妙而已。"

（《李东阳集（二）·文稿卷之二十·箴铭赞引题跋》第 658 页）

最终目的是"妙"，出于自然而归于自然，超越有限物象。

9. 李东阳画论中之品评论

试举例如下。

《题柯敬仲墨竹二绝》（其一）

"莫将画竹论难易，刚道繁难简更难。"

（《李东阳集（二）·诗后稿卷之十·七言绝句》第 912 页）

《题赵子昂画马》：

"千载画图非旧价，任他评品落人间。"

（《李东阳集（二）·诗后稿卷之十·七言绝句》第 912 页）

10. 李东阳画论中的雅俗论

试举例如下。

《题沈启南所藏林和靖真迹》：

"诗应独步难同调，字岂必工终不俗。"

（《李东阳集（一）·诗稿卷之八·七言古诗》第 162 页）

《题陆宽瘦竹卷》：

"江左诗翁太瘦生，墨竹篆书皆绝俗。"

（《李东阳集（一）·诗稿卷之八·七言古诗》第 171 页）

《墨菊》：

"入画清且古，为诗正而葩。……画菊不画色，色似花已俗。"

（《李东阳集（一）·诗稿卷之六·五言古诗》第 133 页）

11. 李东阳画论中的艺术创作状态论

试举例如下。

《刘道亨编修双鹰图》：

"画师好手亦无敌，酒酣健笔疾若飞。"

（《李东阳集（一）·诗稿卷之九·七言古诗》第 177 页）

《剑阁图为王公济进士题》：

"我已为子神悲怆，酒酣作歌歌始放，意气崚嶒声跌宕。"

（《李东阳集（一）·诗稿卷之九·七言古诗》第 174 页）

黄志坚

艺术学在读博士，策展人，主要从事艺术管理、策展学和

艺术学理论以及地方文献等方面的学术研究工作。

现供职于株洲市图书馆，任副馆长；兼任株洲评协副主席兼秘书长